Construindo relacionamentos saudáveis

STEFANIE STAHL

Construindo relacionamentos saudáveis

Traduzido por Thelma Lersch

SEXTANTE

Título original: *Jeder ist beziehungsfähig*

coordenação editorial: Alice Dias
produção editorial: Livia Cabrini
preparo de originais: Sheila Louzada
revisão: Hermínia Totti e Tereza da Rocha
projeto gráfico e diagramação: Guilherme Lima e Natali Nabekura
capa: Natali Nabekura
imagem de capa: Tetiana Garkusha | iStock
impressão e acabamento: Associação Religiosa Imprensa da Fé

CIP-BRASIL. CATALOGAÇÃO NA PUBLICAÇÃO
SINDICATO NACIONAL DOS EDITORES DE LIVROS, RJ

S779c
Stahl, Stefanie, 1963-
Construindo relacionamentos saudáveis : como encontrar o equilíbrio entre entrega, liberdade e segurança / Stefanie Stahl ; tradução Thelma Lersch. - 1. ed. - Rio de Janeiro : Sextante, 2025.
224 p. ; 23 cm.

Tradução de: Jeder ist beziehungsfähig
ISBN 978-85-431-1068-4

1. Relações interpessoais - Aspectos psicológicos. 2. Teoria do autoconhecimento. 3. Inteligência emocional. I. Lersch, Thelma. II. Título.

CDD: 158.2
25-97552.0 CDU: 159.942.2

Gabriela Faray Ferreira Lopes - Bibliotecária - CRB-7/6643

GMT Editores Ltda.
Rua Voluntários da Pátria, 45 – 14º andar – Botafogo
22270-000 – Rio de Janeiro – RJ
Tel.: (21) 2538-4100
E-mail: atendimento@sextante.com.br
www.sextante.com.br

Para Holger, meu marido, amante e melhor amigo

SUMÁRIO

1. "É SÉRIO QUE TODOS PODEM TER UM RELACIONAMENTO SAUDÁVEL?" 13
2. MAS NÃO SOMOS UMA GERAÇÃO INCAPAZ DE SE RELACIONAR? 16
3. CONEXÃO E AUTONOMIA 19
4. ADEQUAÇÃO E AUTOAFIRMAÇÃO 21
5. INFERIORIDADE E SUPERIORIDADE 24
6. NOSSA PROGRAMAÇÃO PARA RELACIONAMENTOS 26
7. NOSSO PADRÃO DE VÍTIMA 28
8. COISA DE HOMEM, COISA DE MULHER 31
9. O MEDO DA PERDA EXCITA, A SEGURANÇA ENTEDIA 34
10. A SÚBITA MORTE DO SENTIMENTO E OUTRAS TÉCNICAS DE DISTANCIAMENTO 37
11. OUTRAS CAUSAS DA PERDA DOS SENTIMENTOS AMOROSOS 40
    "Você mancha minha imagem" 40
    "Sinto segurança em você" 41
    "Não posso me separar" 42
    "Não posso confiar em ninguém" 43

12. SOBRE O "GOSTO DE SER SOLTEIRO" 44

13. CONDICIONAMENTO OU GENÉTICA? 46

14. NOSSOS PAIS: O CAMPO DE TREINAMENTO PARA RELACIONAMENTOS ROMÂNTICOS 48

15. CONFIANÇA FUNDAMENTAL E AUTOESTIMA ESPELHADA 50

16. DO CONDICIONAMENTO NEGATIVO AO TRAUMA 55

17. CORAGEM PARA SER SINCERO 58

18. DESCUBRA SUA PROGRAMAÇÃO DE CONEXÃO 61

Primeiro passo: Descobrir que tipo de conexão você tinha com seus pais 61

Segundo passo: Identificar quais sentimentos eram desejados ou indesejados em sua família 63

Terceiro passo: Identificar seu papel ou sua função na família 64

Quarto passo: Descobrir suas crenças 65

Quinto passo: Identificar seus sentimentos 68

Sexto passo: Resumo 70

19. DESCUBRA SUA PROGRAMAÇÃO DE AUTONOMIA 72

Primeiro passo: Explorar em que medida seus pais atenderam à sua necessidade de autonomia 72

Segundo passo: Identificar que exemplo seus pais eram para você 74

Terceiro passo: Compreender como seus pais lidavam com sua raiva 74

Quarto passo: Descobrir suas crenças 76

Quinto passo: Identificar seus sentimentos 79

Sexto passo: Resumo 80

20. CONHEÇA SUA CRIANÇA-SOMBRA 81

21. DA PERSPECTIVA DE CAMPO PARA A PERSPECTIVA DO OBSERVADOR 84

22. O EGO ADULTO 86

23. A CRIANÇA-SOMBRA E SUAS ESTRATÉGIAS DE PROTEÇÃO 89

Estratégias de proteção extrovertidas e introvertidas 91

Introvertidos e extrovertidos na relação 93

Autoproteção em prol da conexão 94

Idealização 97

Repressão dos sentimentos 98

Obsessão por harmonia 100

Homens bonzinhos 102

Mulheres dependentes 105

A síndrome do bom samaritano 106

Perfeccionismo 107

Eterna criança e impotência 108

Reclamações 110

Compras e outros vícios 111

Estratégias de proteção histéricas 112

Estratégias de proteção depressivas 118

Autoproteção em prol da autonomia 121

Desconfiança e depreciação 123

Perda do sentimento amoroso e do desejo sexual 124

Busca de poder e competição 124

Fuga e evitação 126

Agressão e ataque 128

Isolamento e recusa de diálogo 129

Racionalização 131
Estratégias de proteção narcisistas 133
Estratégias de proteção compulsivas 136
Estratégias de proteção esquizoides 140

24. CONFLITOS TÍPICOS EM TORNO DO TEMA PARENTALIDADE 146
Perda da igualdade nos papéis 147
Distribuição desigual de poder 149
Distribuição injusta do dar e receber 150

CURA 153

25. COMO É MESMO UM RELACIONAMENTO FELIZ? 154

26. FORTALEÇA SEU EGO ADULTO 158
Pegue-se no flagra e mude 159
Diferencie fatos de interpretações 165
Liberte-se do emaranhado 167
Argumentos em vez de intuição 169
Pegue sua criança-sombra pela mão 170
Estratégias do dia a dia para a criança-sombra 172
Frases encorajadoras 172
Advertências 173
Gatilhos positivos 174
Posturas de poder 174

27. DESCUBRA SUA CRIANÇA-SOL 176
Da criança-sol para a perspectiva do observador 184

28. DESCUBRA SUAS ESTRATÉGIAS DE REFLEXÃO 185

Estratégias de reflexão gerais 185
Assuma a responsabilidade e diga sim à vida 185
Dissolva sua projeção e encontre uma meta-atitude 188
Curta a vida 189
Estratégias de reflexão em prol da autonomia 192
Aprenda a se diferenciar e seja você mesmo 192
Dê importância a si mesmo 193
Abra os olhos 193
Sinta a si mesmo 194
Decida e aja 196
Discuta e argumente 199
Aprenda a dizer não 201
Liberte-se 203
Estratégias de reflexão em prol da conexão 206
Aprenda a se adequar, confie e se envolva 206
Dissolva sua resistência 206
Permita-se ter sentimentos fracos 209
Aprenda a confiar 211
Treine sua boa vontade e sua empatia 213
Você pode pedir ajuda 215
Diga sim 215

29. DESCUBRA SUAS ESTRATÉGIAS DE REFLEXÃO PESSOAIS 218

30. OITO PASSOS PARA UMA NOVA VIDA 219

A liberdade se situa entre o estímulo e a resposta.
Viktor Frankl

CAPÍTULO 1

"É SÉRIO QUE TODOS PODEM TER UM RELACIONAMENTO SAUDÁVEL?"

Sim, é isso mesmo. A maioria esmagadora das pessoas que sente que tem procurado em vão o amor verdadeiro – seja porque aparentemente ainda não encontrou a pessoa certa, seja porque insiste em uma relação infeliz – pode, sim, construir um bom relacionamento, inclusive com o parceiro ou a parceira atual. Para isso, é preciso aprender algumas habilidades fundamentais para uma vida a dois saudável. Neste livro vou explicar quais são essas habilidades e como desenvolvê-las. Um relacionamento amoroso feliz não é questão de sorte, mas algo que exige uma decisão pessoal e uma postura interna específica.

Existem, é claro, certos casos de pessoas que não conseguem manter relacionamentos amorosos íntimos ou que só conseguem se relacionar de forma muito restrita. Provavelmente são pessoas que tiveram sua capacidade de confiar nos outros afetada por algum trauma ou às quais faltam as competências essenciais para o amor, tais como empatia e flexibilidade emocional. Em casos como esses, o dano emocional é tão grave que até a atuação psicoterapêutica encontra barreiras. Considero, no entanto, que são exceções à afirmação que dá título a este livro.

Mas estou convencida de que (quase) todos podem ter um relacionamento feliz se atingirem o equilíbrio entre *conexão* e *autonomia*. Isso pode soar banal à primeira vista, e talvez até seja, mas poucos têm consciência do impacto gigantesco que essas duas capacidades exercem sobre nossos sentimentos, pensamentos e ações. Conexão (ou adequação) e autonomia (ou autodeterminação) são temas que dizem respeito a toda a humanidade, pois são necessidades psíquicas básicas. Elas moldam nossa *autoestima*. As experiências que temos desde a infância envolvendo conexão e amor, por um lado, e autodeterminação e autonomia, por outro, vão impactar nosso sentimento em relação a nós mesmos – se sentimos que temos valor ou se duvidamos disso com frequência.

A escolha do parceiro e o sucesso ou o fracasso de um relacionamento estão ligados ao desejo de conexão e autonomia dos envolvidos, bem como ao seu sentimento de inferioridade ou superioridade (sua autoestima). Assim, trabalhar esses aspectos é o caminho para compreender e, acima de tudo, melhorar os relacionamentos. A dificuldade de encontrar um parceiro e o desejo de viver sozinho também têm origem em interações desfavoráveis com os polos conexão e autonomia.

Divisão de tarefas, concessões, desequilíbrio de poder, atração, paixão, erotismo, parentalidade, casamento, vida de solteiro, infidelidade, confiança, desconfiança – tudo isso e muitos outros temas importantes na vida conjugal estão relacionados a esses pontos-chave. Aqueles que alcançam um bom equilíbrio entre conexão e autonomia, sentindo-se em pé de igualdade com o parceiro e com os outros, são capazes de *se relacionar*, *trabalhar* e *ter prazer na vida*. Essas três esferas são os pilares da saúde emocional.

Neste livro, vamos nos concentrar na *capacidade de se relacionar*. Quero mostrar que as necessidades humanas de conexão, autonomia e autoestima permeiam os relacionamentos por inteiro. Nossa relação com essas necessidades fundamentais influencia em grande medida o que queremos e quem somos; quem amamos e como lidamos com a pessoa amada; nossos medos e como lidamos com eles; se nos realizamos por nossos próprios meios ou se dependemos excessivamente dos outros; o que nos atrai e o que nos desagrada; sobre o que brigamos e em que pontos cedemos, além de muito, muito mais coisas.

Além disso, explicarei também como melhorar sua capacidade de conexão e de autonomia e, com isso, estabilizar sua autoestima para encontrar o amor. Darei muitas sugestões e propostas de exercícios para essa finalidade.

Este livro se destina a pessoas de todas as orientações sexuais, pois os mecanismos descritos de conexão, autonomia e autoestima são fundamentais em qualquer relacionamento. Os exemplos ilustrativos envolvem casais heterossexuais, mas valem igualmente para gays, lésbicas, assexuais e bissexuais.

Minha proposta é que você assuma ativamente o papel de construir a felicidade no amor e não espere que seu parceiro ou sua parceira um dia mude ou que a pessoa perfeita bata à sua porta. Com a ajuda deste livro, você poderá caminhar em direção a um bom relacionamento ou talvez até reconheça que já o encontrou faz tempo.

Reuni muitos exercícios que demandam dedicação. Você pode fazê-los ou pode apenas refletir e se reorganizar internamente. Se preferir, faça somente aqueles que julgar interessantes para sua situação. Seja como for, não deixe de colocar em prática aquilo que aprender.

CAPÍTULO 2

MAS NÃO SOMOS UMA GERAÇÃO INCAPAZ DE SE RELACIONAR?

Essa pergunta vem sendo repetida por jornalistas desde a publicação do best-seller *Generation Beziehungsunfähig* [Geração incapaz de se relacionar], de Michael Nast, em 2016. Nast afirma que a sociedade atual é perfeccionista e obcecada por autodesenvolvimento, sobretudo as gerações mais jovens, que se tornam cada vez mais avessas a compromisso. Segundo ele, os mais jovens buscam a pessoa perfeita – que, infelizmente, não existe. Muitos (principalmente os homens) afirmam não conseguir encontrar alguém para um relacionamento sério, quando na verdade eles é que sofrem de aversão a compromisso. Para completar, os aplicativos de encontro contribuem significativamente para relacionamentos cada vez mais superficiais e efêmeros. Michael Nast escreve a partir de sua experiência pessoal, e seu grande sucesso demonstra que muitos têm vivências semelhantes.

Certamente há muitas pessoas que poderíamos descrever como aparentemente incapazes de se relacionar, mas será que não foi sempre assim? Talvez essa incapacidade apenas se apresente de maneira diferente hoje em dia.

Para responder a esse questionamento, debrucei-me inicialmente sobre os estudos atuais da psicologia a respeito do tema do amor e dos relacionamentos em diferentes gerações. Cheguei à conclusão de que sempre houve relacionamentos difíceis e casamentos desfeitos, e não podemos usar o tempo que um casal ficou junto como critério para determinar que alguém é capaz ou incapaz de se relacionar.

É bem verdade que hoje em dia os casais se separam com mais frequência e em menos tempo, não porque as pessoas sejam mais problemáticas, mas porque estamos mais exigentes e diante de mais possibilidades. Temos, por exemplo, a crescente independência financeira das mulheres, que hoje se veem muito menos forçadas a permanecer em um casamento infeliz por não terem como se sustentar sozinhas – tanto que a maioria dos divórcios se dá por iniciativa delas. Além disso, a pressão social também está mais leve, de modo que, em geral, formar família não é mais tão crucial para que alguém seja visto como uma pessoa de valor. Para completar, a sexualidade pode ser vivida de forma muito mais livre, algo para o qual a internet colaborou bastante.

Mas todos esses fatores não tornam as pessoas mais avessas a relacionamentos, apenas permitem que elas convivam mais facilmente com o medo de compromisso. Não há, portanto, mais pessoas avessas ao amor do que antes, apenas vemos com mais frequência indivíduos solteiros ou separados, e por diversas razões, não necessariamente por incapacidade pessoal.

A dificuldade de se relacionar não surgiu com a internet e as múltiplas possibilidades de escolha que a acompanham, tampouco é fruto da vida urbana. Trata-se de algo que aprendemos em casa, com nossos pais. É com nossos primeiros cuidadores que decidimos se somos pessoas dignas de amor e se podemos confiar em relacionamentos interpessoais de modo geral. Os condicionamentos adquiridos na infância influenciam significativamente nossos relacionamentos ao longo da vida, e as condições para as crianças não pioraram nas últimas décadas. Os pais das gerações mais jovens tendem a ter um nível bem maior de conhecimento e mais empatia com os filhos, em comparação com os pais das gerações do pós-guerra. A ideia de que não é positivo bater em crianças, por exemplo, já alcançou as camadas com menos educação formal. A taxa de divórcios aumentou, sim, mas muitos estudos comprovam que a separação é mais tolerável para as crianças do que presenciar brigas intermináveis dos pais. Um relacionamento altamente conflituoso dos pais é, aliás, causa frequente do medo de compromisso.

O medo do compromisso surge quando, para agradar aos pais, a criança tem que se adequar excessivamente, isto é, precisa abrir mão de quem ela é. Isso porque se os pais não conseguem promover o desenvolvimento da criança com empatia, ela assume a responsabilidade pelo sucesso de sua relação com eles. A criança é existencialmente dependente de seus cuidadores e fará todo o possível para que a amem. Nesse caso, o preço pago é a hiperadequação, algo que tende a causar a perda de parte de sua identidade e é terreno fértil para o medo de compromisso na vida adulta. As raízes dessa barreira emocional são uma combinação do medo da perda do outro com o medo da perda de si mesmo em um relacionamento amoroso íntimo.

Mais à frente falarei em detalhes sobre isso. Os fenômenos descritos por Nast em seu livro – tais como a busca da pessoa perfeita, o sumiço repentino após os primeiros encontros, a irresponsabilidade afetiva e uma alternância intensa entre intimidade e distância – são sintomas típicos do medo de compromisso. E engana-se quem acredita que pessoas com medo de compromisso costumam não se casar. Há muitos casamentos em que um ou ambos os envolvidos recorrem a diversas manobras de distanciamento, como mais tempo dedicado ao trabalho ou a hobbies, falta de interesse sexual, traições, silêncio ou brigas frequentes.

O desejo de conexão, entretanto, é uma necessidade fundamental inata a todas as pessoas. E pesquisas recentes mostram que a grande maioria ainda deseja encontrar um parceiro ou uma parceira para toda a vida. Isso não mudou.

CAPÍTULO 3

CONEXÃO E AUTONOMIA

Como já vimos, conexão/pertencimento e liberdade/autonomia são necessidades humanas existenciais fundamentais. Elas perpassam toda a nossa vida, do início ao fim.

Viemos ao mundo ligados ao corpo de nossa mãe, apenas para termos o cordão umbilical imediatamente cortado. Se não houver alguém que cuide dele, o recém-nascido morre. O bebê humano necessita inteiramente de assistência. Nossa primeira experiência neste mundo é, portanto, determinada pela dependência existencial.

No entanto, conexão e autonomia estão ligadas entre si. A única ação autônoma que cabe ao bebê para chamar atenção é chorar. Só assim ele pode influenciar os pais. Quando os pais não reagem ao choro da criança e a deixam berrando, ela sente que suas ações não têm efeito e, aos poucos, desenvolve a crença de que não tem influência na própria vida. Isso é uma experiência profunda de impotência que afeta a pessoa até a idade adulta, sobretudo se os pais atenderem às suas necessidades de forma autoritária e rígida pelo resto da infância e da juventude.

Todo o desenvolvimento do indivíduo caminha no sentido de uma crescente independência. O ideal é que, como jovens adultos, consigamos levar uma vida autônoma, sem precisar do cuidado dos pais. As possibilidades de influência da criança ampliam-se pouco a pouco. À medida que cresce, ela aprende a agarrar objetos, engatinhar, andar e falar, aumentando cada vez mais seu raio de intervenção.

Ao mesmo tempo, as necessidades de conexão têm um papel crucial na formação da criança. No início, há a conexão com os pais; depois, com a família estendida (irmãos, avós, etc.). Na creche, o círculo de referência inclui cuidadores e outras crianças. Já na escola, entram em cena os professores e amigos. Durante a puberdade, costumam surgir as primeiras aproximações românticas.

Passamos a vida inteira tentando satisfazer, por um lado, nossa necessidade de conexão e, por outro, nossa necessidade de liberdade e autonomia. A conexão não se limita, é claro, a relacionamentos românticos, podendo ser suprida por interações sociais, amizades e convívio familiar. Enquanto os dois primeiros anos de vida são marcados pela gradativa conquista de autonomia, à medida que nos tornamos capazes de sobreviver sozinhos, aos poucos vamos crescendo e ampliando nosso círculo social, de modo que na fase intermediária da vida geralmente se alcança um bom equilíbrio entre conexão e autonomia. Então, quando nos encaminhamos para o fim da vida, nossa autonomia volta a se reduzir, pois necessitamos de cuidados.

CAPÍTULO 4

ADEQUAÇÃO E AUTOAFIRMAÇÃO

Para que uma relação se mantenha saudável, seja ela de qualquer natureza, as pessoas envolvidas precisam conseguir se adequar uma à outra e, ao mesmo tempo, se afirmar. A adequação atende à nossa necessidade de conexão, enquanto a autoafirmação atende à nossa necessidade de autonomia. Quem não sabe se adequar ao outro não consegue estabelecer conexão, enquanto aqueles que não sabem se autoafirmar perdem sua liberdade pessoal dentro de um relacionamento. A maioria das pessoas tende a exagerar para um lado ou para o outro. Algumas oscilam entre esses polos, dependendo do tipo e da fase do relacionamento; talvez se submetam a um parceiro excessivamente dominante, por exemplo, e em outro relacionamento assumam elas próprias o papel dominante.

A hiperadequação leva as pessoas a suprimir muitos de seus desejos e necessidades em função do outro, especialmente em relacionamentos românticos. Fazem de tudo para atender às expectativas do parceiro (às vezes, de todos à sua volta). São movidas pelo medo inconsciente de perder o afeto do outro caso não atendam a tudo.

No entanto, algumas pessoas tomam o caminho oposto, também em consequência da hiperadequação: evitam relacionamentos íntimos ou sempre estabelecem certa distância após momentos de intimidade. Isso porque só sabem preservar sua liberdade por meio do distanciamento frequente ou até mesmo permanente, daí o medo de compromisso. Só conseguem se sentir realmente livres e independentes quando estão sozinhas ou se relacionando com pessoas que não lhes impõem expectativas, pois têm dificuldade de identificar os próprios desejos e necessidades quando estão lidando com os dos outros.

Para me adequar ao outro, preciso de determinadas habilidades sociais. Preciso ter, por exemplo, a capacidade de identificar e compreender os desejos do outro, o que se dá pela sensibilidade, a alteridade e a empatia. A empatia constrói uma ponte entre você e eu. A conexão e as relações interpessoais exigem aproximação, sinceridade, concessões, dedicação, flexibilidade de opinião, união, estar junto. Todos esses comportamentos contribuem tanto para a adequação quanto para a conexão. Adequar-se exige que eu reduza as diferenças em relação ao outro, me torne mais parecido com ele e satisfaça suas expectativas. Na esfera emocional, o amor, o afeto e a atração física nos motivam a estabelecer vínculos, enquanto o sentimento de vergonha nos leva a nos submeter às regras e normas sociais.

Porém, para me conectar com alguém também preciso de algum nível de autonomia pessoal, para não correr o risco de perder minha identidade e minha liberdade no relacionamento. É esse perigo, aliás, que assusta muitos quando pensam na possibilidade de assumir um compromisso.

É claro que as habilidades necessárias para preservar os próprios interesses e necessidades não são as mesmas de que eu preciso para satisfazer meu desejo de conexão. Preciso saber me diferenciar e me separar do outro. Nesse contexto, meu olhar não se volta para o que há em comum, mas para o que há de diferente entre nós, e estabeleço certa distância. Preciso correr o risco, portanto, de perder – pelo menos por um momento – o vínculo com o outro. Para suportar essa separação, preciso de uma vontade própria que me conduza a meus objetivos e interesses. E, é claro, também preciso ter a capacidade de gerenciar conflitos, para conseguir assumir minha posição e defendê-la de modo saudável.

Alguns conceitos relacionados à autonomia são: liberdade, controle, diferenciação, poder, autodeterminação, libertação, despedida, separação, dominância, competição e concorrência. Trata-se da luta individual pela sobrevivência, da defesa dos próprios interesses e, em último caso, de ir contra os interesses de meus pares ou meu parceiro. É por isso que precisamos também, para nossa liberdade pessoal e nossa autonomia, da capacidade de separação e abandono, se necessário. À medida que nos desenvolvemos, precisamos nos desligar de nossos pais e, às vezes, também de outras pessoas, se quisermos traçar nosso próprio caminho. A capacidade de separação é um pré-requisito para se envolver em um relacionamento romântico. Quem carrega a crença de que um parceiro é alguém de quem jamais vai poder se livrar tem muita resistência a iniciar um relacionamento, pois prevê a perda total de liberdade. Pessoas que sofrem com isso em geral aprenderam com pelo menos um dos pais que a separação envolve necessariamente o sentimento de culpa. A expressão de decepção da mãe ou do pai pode ser um forte condicionamento a partir do qual o relacionamento amoroso passa a ser associado a um excesso de envolvimento e obrigações.

Na esfera dos sentimentos, necessitamos de certa agressividade para a manutenção da autonomia. Sentimos raiva quando nossos limites pessoais são violados, quando somos incomodados, impedidos, incompreendidos, rejeitados, ofendidos ou injustiçados. Costumo chamar esse movimento de agressão de diferenciação. Essa agressividade é necessária para que possamos nos proteger e nos defender, bem como para atingir nossos objetivos de vida.

CAPÍTULO 5

INFERIORIDADE E SUPERIORIDADE

Além dos desejos fundamentais de autonomia e conexão, todos temos uma grande necessidade de reconhecimento e aceitação. Nossa autoestima está intimamente ligada à qualidade de nossas relações e à sensação de autenticidade. Quando conseguimos nos autoafirmar, nos sentimos emocionalmente fortes. Quando nutrimos relações afetuosas e sólidas, nos sentimos aceitos e integrados. Esses sentimentos fortalecem nossa autoestima.

A questão é: o que precisamos fazer para nos sentirmos aceitos? Basta simplesmente ser quem somos? Tenho o direito de afirmar meus sentimentos, desejos e necessidades em um relacionamento ou preciso satisfazer todas as expectativas do outro? As respostas a essas perguntas dependem da minha autoestima.

Se tenho uma autoestima estável, não vou sentir necessidade de me submeter nem de me apagar em um relacionamento romântico. Se, por outro lado, minha autoestima foi abalada, chegarei à conclusão de que preciso me esforçar para ser amado. Aqui se encontra uma causa fundamental de problemas de relacionamento: muitas pessoas não se sentem seguras para serem autênticas. Escondem várias partes de si, reprimindo sentimentos, deixando de expressar suas necessidades, representando papéis, evitando conflitos a todo custo e negando problemas. Sentem-se inferiores ao parceiro. E, quando a pessoa com quem nos relacionamos nos parece superior e mais forte, nossa reação natural é nos sentirmos obrigados a nos submeter (ou a fugir). A adequação é irmã da submissão e nos leva a nos esforçarmos para satisfazer nosso parceiro supostamente mais forte a fim de agradá-lo e de sermos aceitos. Em outras palavras, abrimos mão parcialmente de nossa autonomia em nome da conexão.

No entanto, a autoestima não é a única a influenciar quem vai assumir a posição do superior e quem assume a do inferior. O nível de segurança que sentimos no relacionamento também interfere em como nos vemos em relação ao outro. Pode acontecer, por exemplo, que duas pessoas com autoestima frágil se apaixonem. Teoricamente, elas estão em pé de igualdade, mas é muito comum que uma delas se proteja mantendo certa distância, ou seja, se refugiando na autonomia. Em resposta, a outra pessoa tende a se adequar a ela, tentando agradá-la a todo custo, e se torna carente, com um forte desejo de conexão não atendido. As dinâmicas de cada relacionamento também têm um papel importante: quanto mais o parceiro aparentemente autônomo se distancia, mais ele alimenta o medo da perda no outro, intensificando a carência e as tentativas de restabelecer a conexão. Quem detém o poder nessa configuração é o esquivo, enquanto o carente se sente inferior e impotente. Vale notar que o distanciamento do esquivo se dá não só ativamente – limitando o tempo de convivência com o parceiro e mantendo até mesmo certa distância física –, mas também passivamente, pois, mesmo quando está fisicamente presente, se abre pouco e não se empenha muito pela relação.

O ideal é que as duas pessoas se vejam e se sintam em pé de igualdade uma com a outra. Desse modo elas poderiam conciliar o desejo de conexão, intimidade e dependência com a necessidade de independência e autonomia.

Para que a conexão seja bem-sucedida, elas podem confiar, escutar, exercer a empatia, se entregar, rever suas opiniões e fazer concessões. E para que a autonomia seja bem-sucedida, podem ser autênticas, defender seus desejos e necessidades, argumentar, negociar e até brigar. Se mesmo assim os parceiros mantiverem alguns aspectos em comum em relação a seus valores e interesses, terão um relacionamento feliz e vibrante. Como chegar lá? É o que veremos neste livro.

CAPÍTULO 6

NOSSA PROGRAMAÇÃO PARA RELACIONAMENTOS

Nossos condicionamentos de infância são de extrema importância para compreendermos quem somos e quais são nossos padrões de interação.

Nossos primeiros relacionamentos íntimos são os que temos com nossos pais. Com eles aprendemos se temos valor suficiente para que alguém cuide de nós e se podemos ter influência em nossa vida. Com eles fazemos as primeiras experiências existenciais nas esferas da conexão e da autonomia.

Tais experiências se gravam profundamente no nosso cérebro, especialmente aquelas da esfera emocional. São condicionamentos profundos que carregamos para a vida adulta, como programas psíquicos que rodam em segundo plano – no subconsciente. Isso acontece sobretudo porque as estruturas fundamentais do desenvolvimento cerebral são construídas nos primeiros seis anos de vida. Assim, as experiências desse período levam a conexões neuronais que desenham uma espécie de mapa em nosso cérebro.

Para ficar mais claro, vamos imaginar o casal Júlia e Roberto, que namoram há dois anos. Ela frequentemente se sente solitária na relação. Após o período inicial de paixão, Roberto vem se distanciando cada vez mais. Como trabalha muito, tem pouco tempo para ela, e mesmo quando estão juntos se mostra estressado e emocionalmente indisponível. Com muito medo de perder Roberto, Júlia se esforça bastante para ter uma conexão maior com ele, e faz isso tentando agradá-lo.

Júlia teve pais amorosos, porém eles eram pessoas públicas e a deixavam sob os cuidados de babás. Quando criança, ela muitas vezes se sentia solitária e desejava ter mais tempo com os pais. A pequena Júlia ainda está presente na mulher adulta. É sua criança interior.

A criança interior é uma metáfora. Ela representa a parte de nossa personalidade que com frequência recai em antigos padrões infantis, de modo inconsciente. O jeito distante de Roberto desperta a criança interior de Júlia: ela se sente só e impotente, exatamente como se sentia quando os pais viajavam e a deixavam em casa. Assim como acontecia com seus pais, Júlia não consegue ter influência em seu relacionamento. Ela já expressou muitas vezes ao namorado sua necessidade de compromisso e de mais intimidade, mas foi em vão: ele continua distante. Júlia está lutando por mais conexão.

Roberto também abriga uma criança interior dentro de si, é claro. Sua mãe o amava desesperadamente e o prendia muito a ela, depositando no filho a expectativa de preencher a própria necessidade de afeto. O pequeno Roberto tinha a constante sensação de não poder deixá-la sozinha, já que o pai era ausente. Percebendo que a mãe se sentia só e infeliz, Roberto inconscientemente assumiu a responsabilidade pelo bem-estar dela e se sentia culpado quando ia brincar com amigos. A criança interior de Roberto foi condicionada a associar relacionamentos íntimos com privação, obrigação e culpa, por isso ele se sente sufocado em sua relação com Júlia. Roberto se refugia no trabalho e em outras atividades. Ele está lutando por liberdade e autonomia em seu relacionamento.

Para serem felizes juntos, Roberto e Júlia precisariam compreender sua criança interior, ou seja, tomar consciência de suas programações de infância mais profundas. Somente assim poderiam mudar seus padrões de comportamento. Roberto então poderia aprender que é possível ser uma pessoa livre em um relacionamento íntimo e Júlia poderia aprimorar sua autonomia para não se sentir tão dependente de Roberto.

CAPÍTULO 7

NOSSO PADRÃO DE VÍTIMA

Se quiser recuperar seu relacionamento atual ou encontrar um parceiro com o qual seja feliz, você precisa entender o que deu errado até agora. Muitas vezes culpamos o outro por um relacionamento difícil ou nos resignamos pensando que é o destino, o azar, que atraímos as pessoas erradas, que temos "dedo podre". Nossa tendência é atribuir a causa de nossa infelicidade a um elemento externo, mas isso raramente é a causa verdadeira.

Pelo que observo, são minoria as pessoas que devem sua infelicidade a eventos externos, como golpes do destino totalmente independentes de sua vontade e tragédias. Por isso parto do princípio de que todos os problemas para os quais contribuímos de algum modo (o que se aplica a todos os problemas de relacionamento) são de nossa responsabilidade.

Você pode achar essa afirmação radical e até discordar, talvez porque seu parceiro realmente tenha um comportamento desafiador – como Roberto no exemplo fictício que vimos. No entanto, cabe refletir sobre por que você escolheu se relacionar justamente com essa pessoa e por que permanece com ela. Ou talvez você pense que ainda não encontrou "a pessoa certa", que sempre se apaixona pela pessoa errada. Ou talvez sua objeção seja: "Por que devo ter um relacionamento sério? Não tenho vontade alguma!"

Gostamos de pensar que encontrar uma pessoa com quem possamos ser felizes é uma questão de sorte, puro acaso, mas a verdade é que nosso inconsciente – nossa criança interior – influencia significativamente nossas paixões. Se você sente que sempre escolhe as pessoas erradas, isso tem a ver com sua programação interna, seu padrão de vítima inconsciente. Se permanece em um relacionamento difícil, isso também tem a ver com sua criança interior, que muitas vezes também cria obstáculos no relacionamento. E se você acha que não precisa de um relacionamento sério, que é melhor ficar sozinho ou ter uma sucessão de relações passageiras e superficiais, isso também pode ser atribuído à sua programação.

Nossa programação para relacionamentos e nosso padrão de vítima estão interligados, um depende do outro. Voltemos ao exemplo de Júlia e Roberto: a programação de Júlia foi condicionada pelo fato de, quando era criança, os pais a terem deixado sozinha com frequência, o que gerou em sua criança interior um forte anseio por conexão e amor. O equilíbrio de Júlia entre conexão e autonomia, portanto, pende para o lado da conexão. Júlia tem todas as capacidades para se relacionar e se adequar: gosta de harmonia, é conciliadora e se esforça para fazer tudo certo e satisfazer as expectativas de Roberto. Sua dificuldade é caminhar sobre as próprias pernas. Ela tem um bom trabalho, pode se sustentar sozinha e já lidou bem com a solteirice em algumas fases da vida, mas sua criança interior tem um grande medo da independência e da solidão. No fundo, ela não se sente de fato pronta para a vida. Ela deseja ser conduzida por uma mão forte. Para sua criança-sombra – que representa os aspectos dolorosos da nossa personalidade –, a opção mais segura é ter alguém a seu lado. E é por isso que Júlia busca no parceiro exatamente aquilo que lhe falta: um eu forte e autônomo. E é isso que ela acha (inconscientemente) que encontrou em Roberto. Ele é, digamos, um cara descolado, que irradia personalidade e força, e isso o torna extremamente atraente aos olhos de Júlia.

A criança interior de Roberto, por sua vez, tem medo de intimidade. Ele se sente cobrado e manipulado com muita facilidade. Assim, a opção mais segura para sua criança interior é depender apenas de si mesmo. Seu equilíbrio interno pende para o polo da autonomia. É por isso que ele gosta de mulheres como Júlia, que irradiam tanta ternura, pois sua criança interior não consegue buscar conexão, embora tenha essa necessidade. Júlia, portanto, possui as capacidades que faltam a Roberto.

Júlia diz que gosta de homens com o perfil confiante de Roberto e que acha os homens doces e gentis entediantes. Enquanto não mudar seu padrão de vítima, ela não encontrará a pessoa certa. Sempre se sentirá atraída por homens que necessitam de muita distância e de espaço pessoal em um relacionamento, o que a deixa insegura e ansiosa. Ela deveria aprender a se tornar mais autônoma e independente para não precisar buscar isso em outra pessoa supostamente mais forte. Ao fazer isso, ela mudaria sua visão dos homens e poderia perceber que os caras confiantes não são tão confiantes assim; eles têm medo de compromisso. Talvez ela também passasse a enxergar que homens aparentemente não tão confiantes podem se tornar atraentes por serem autênticos.

Se Roberto, por sua vez, mudasse sua programação de relacionamentos ao dissolver seu medo de intimidade, não precisaria mais fugir de Júlia e poderia ter um bom relacionamento íntimo com ela.

A maioria das pessoas é como Júlia e Roberto: busca no parceiro algo que falta em si. Todos nós procuramos nossa "cara-metade". Na grande maioria dos casos, porém, esse desejo de complementação e aperfeiçoamento por meio do parceiro permanece inconsciente. A criança interior quer curar suas feridas do passado. A ferida de Júlia é o abandono dos pais e a de Roberto é o peso do apego excessivo da mãe.

A questão é que essa tentativa de encontrar no parceiro uma reparação para o que nos faltou na infância não costuma funcionar. A criança interior precisa curar a si mesma. Quanto mais saudável ela se tornar, maior será sua capacidade de se relacionar e mais fácil será encontrar um bom parceiro. É provável que ela precise terminar o relacionamento atual, se não conseguir aprender a valorizá-lo e amá-lo mais.

CAPÍTULO 8

COISA DE HOMEM, COISA DE MULHER

As diferenças entre os comportamentos de homens e mulheres de fato existem, mas seriam elas aprendidas ou geneticamente determinadas? Por muito tempo se acreditou que as diferenças entre os gêneros são genéticas, havendo diversos estudos que supostamente comprovavam isso. Entretanto pesquisas recentes revelam que as diferenças genéticas entre homens e mulheres talvez sejam superestimadas, e que são os papéis sociais com os quais criamos meninas e meninos que contribuem para os distintos comportamentos e formas de pensar dos gêneros. Esse foi o resultado de um amplo estudo da pesquisadora americana Lise Eliot, autora de *Pink Brain, Blue Brain* [Cérebro rosa, cérebro azul].

Seja qual for a explicação para tais diferenças, é fato que aproximadamente dois terços dos homens tendem para o polo da autonomia, enquanto dois terços das mulheres tendem para o polo da conexão. Quais são os efeitos disso na comunicação e no comportamento? Para começar, os homens enfatizam o aspecto objetivo, enquanto as mulheres tendem a colocar o relacionamento em primeiro plano. Em geral, os homens têm mais facilidade para tomar decisões essencialmente racionais, enquanto as mulheres focam mais nas relações e consideram como sua decisão vai afetar outras pessoas. Quando Júlia fala com Roberto sobre um problema que está tendo com uma amiga, sua expectativa é que Roberto a escute com atenção e empatia, porém Roberto demonstra interesse tentando encontrar uma solução para o problema. E não é isso que Júlia quer. A solução provavelmente vai lhe ocorrer durante a conversa, e o que ela quer de Roberto é apenas compreensão.

O psicólogo e escritor Björn Süfke tem uma hipótese para explicar esse frequente problema de comunicação entre homens e mulheres. Ele afirma que as emoções associadas a fraqueza – impotência, desamparo, tristeza, medo, vergonha, etc. – são retratadas como indesejadas na socialização masculina, ao passo que para mulheres essas emoções são permitidas. Meninos aprendem desde cedo a reprimir as chamadas emoções fracas, mas a alegria e a raiva são legitimadas e estimuladas.

É preciso lembrar que a raiva é uma emoção do polo da autonomia. Quando Júlia está triste e confusa por causa de um conflito com a amiga, Roberto se sente desconfortável, pois não quer lidar com tais sentimentos. Mas empatia é exatamente entrar em contato com a própria emoção para sentir a emoção do outro. Quando esse contato com os próprios sentimentos parece ameaçador, sentimos a necessidade de fugir da pessoa que poderia evocar esses sentimentos em nós. A falta de empatia, portanto, pode ser uma defesa contra os sentimentos que tentamos evitar. No entanto, a empatia é uma condição para a conexão humana. Seja homem ou mulher, a dificuldade de se colocar no lugar do outro atrapalha a capacidade de se relacionar.

Se você tem esse tipo de dificuldade, recomendo que comece por se permitir sentir emoções fracas e, posteriormente, procure se abrir para os sentimentos alheios. Uma maneira de entrar em contato com os próprios sentimentos é tomar consciência deles. Na próxima vez que sentir, por exemplo, uma pontada de tristeza, perceba se está tentando reprimi-la e, nesse caso, experimente descobrir como fazer o contrário. A tristeza não vai durar para sempre nem vai tirar você completamente do eixo. Não precisa ter medo de senti-la. Todo sentimento passa, tanto aqueles considerados positivos socialmente quanto aqueles considerados negativos. Quanto melhor você conhecer os próprios sentimentos, menos enigmáticos lhe parecerão os sentimentos dos outros.

Tendo em vista que os homens tendem a ser mais objetivos, muitos deles preferem conversar essencialmente sobre temas técnicos em detrimento de emoções, e também gostam de se reunir em torno de atividades como melhorar o carro, pescar, jogar futebol. Já as mulheres se voltam mais umas para as outras, seja nas conversas, seja nas atividades que fazem juntas.

O universo masculino também é marcado por mais competitividade que as relações femininas. É uma característica localizada no polo da autonomia, pois a pergunta que se aplica aqui não é "O que temos em comum?", mas "O que faço melhor?". Já as mulheres, geralmente ancoradas no polo da conexão, enfatizam mais os aspectos comuns. O importante no universo feminino é criar compreensão, mais do que comparar seus feitos umas com as outras. Isso fica evidente desde a infância: meninas amam brincadeiras que envolvem um ambiente coletivo, como casinha e escola, enquanto meninos tendem a atividades competitivas e a brincar de lutar. Quando casais de amigos se encontram, não é raro que os homens passem horas discutindo política e futebol enquanto as mulheres trocam confidências sobre questões pessoais.

Obviamente, as mulheres também discutem assuntos objetivos e têm um pouco de competitividade, assim como os homens têm seu lado empático e sensível. É somente uma questão de tendência e proporção – todos os gêneros podem desenvolver e aprimorar quaisquer habilidades, e cada uma tem suas vantagens específicas. O importante é que todas as pessoas desenvolvam uma compreensão das diferenças e, em vez de criticar que o parceiro ou a parceira tenda mais para um ou outro lado, valorizem seus pontos fortes. Quem tende à conexão se beneficiaria de praticar a autoconfiança e a competitividade, enquanto quem tende à autonomia se beneficiaria de aprimorar a empatia, entrar mais em sintonia com os outros e competir menos.

CAPÍTULO 9

O MEDO DA PERDA EXCITA, A SEGURANÇA ENTEDIA

Pessoas que têm medo de compromisso estão habituadas ao seguinte fenômeno: quando o parceiro as deixa inseguras ou dá sinais contraditórios, ficam perdidamente apaixonadas e excitadas; mas basta sentirem segurança no afeto do parceiro para que ele deixe de ser atraente. É nesse contexto que falamos de medo de compromisso passivo e ativo.

Em nosso exemplo, o parceiro passivo é Júlia, que se apega desesperadamente a Roberto, e ele é o parceiro ativo, que cria distância. Ser ativo ou passivo são condições que podem mudar em relacionamentos diferentes, mas também dentro de um mesmo relacionamento. Se Júlia, por exemplo, conhecer outra pessoa e se afastar de Roberto, é muito provável que ele sinta uma paixão súbita e lute por ela.

Em um relacionamento anterior, Roberto já se encontrou na situação passiva com Valéria, uma mulher passional e um pouco manipuladora que se comportava de forma altamente ambivalente com Roberto. Ele era louco por ela. Júlia, por sua vez, se separou de Cris para ficar com Roberto. Nesse relacionamento anterior, Cris era o mais afetuoso, o que a levou a perder o interesse, pois ela via seu apego como uma fraqueza. Com Cris, ela era o polo ativo.

O que acontece aqui? Enquanto a pessoa não se sente segura em um relacionamento (o que pode ocorrer inclusive em um casamento de anos), o medo de perder a autonomia se cala e o desejo de conexão se mantém fortemente ativo. Em outras palavras, o *sistema de conexão* é ativado no cérebro. Um sistema de conexão ativado quer se conectar à pessoa desejada a todo custo e se encontra em alerta máximo. A pessoa nesse estado é movida pelo medo da perda e está disposta a fazer de tudo para obter o controle da situação. Um sistema de conexão ativado produz os seguintes "sintomas":

- Paixão e excitação intensas.
- Pensamentos voltados para o parceiro durante boa parte do dia.
- Idealização do parceiro, que é colocado em um pedestal.
- Anseio incansável por um "final feliz" e esperança de que o parceiro passe a se empenhar pelo relacionamento.
- Uso de artimanhas e perfeccionismo na tentativa de mostrar seu valor ao parceiro.
- Uso de falsa indiferença e tentativa de provocar ciúme no parceiro.
- Constante insegurança e medo do término, o que pode gerar tristeza e ansiedade profundas.
- Sensação de estar viciada no parceiro e dependente dele.
- Percepção de que é doentio o próprio comportamento em relação ao parceiro.

O sistema de conexão ativado, somado ao medo da perda, dá a sensação de que se está vivendo a maior das paixões. Só que paixão não tem nada a ver com amor. O amor é um sentimento seguro, profundo e calmo. Quando o parceiro envia sinais ambivalentes e a pessoa não se sente segura, o sistema de conexão permanece ativado mesmo que o casal já esteja junto há muito tempo. Justamente por ficar ativado por um longo período, a pessoa afetada acha que se trata do amor da vida dela, quando na verdade é o medo da perda intensificando a paixão.

No relacionamento com Valéria, Roberto tinha medo da perda, portanto seu sistema de conexão foi acionado. Isso lhe deu a ilusão do amor verdadeiro. Ele ainda não a esqueceu completamente e se engana ao imaginar que é ela seu grande amor. Júlia, por outro lado, não teve seu sistema de conexão ativado na relação com Cris, pois ele lhe dava muita segurança. Quando ela conheceu Roberto, que enviava sinais contraditórios desde o início, seu sistema de conexão foi novamente ativado. Ela fatalmente confundiu o medo da perda com amor e trocou Cris, que sabia se relacionar e com quem ela poderia ter sido feliz, por Roberto, que evita o compromisso.

CAPÍTULO 10

A SÚBITA MORTE DO SENTIMENTO E OUTRAS TÉCNICAS DE DISTANCIAMENTO

O início de muitos relacionamentos é caracterizado por certa insegurança de ambos os lados. O desejo de prender o objeto do amor está intimamente ligado à autoestima: uma rejeição amorosa a abala fortemente, enquanto uma conquista a fortalece. O sistema de conexão ativo, que nos coloca no estado de apaixonamento, quer estabelecer controle sobre a situação e preservar a própria autoestima. Quando o alvo está garantido, a autoestima está validada, o desejo e a conexão estão satisfeitos e, consequentemente, o sistema de conexão se acalma.

No entanto, em pessoas com medo de compromisso, detectar a segurança da conexão desperta o medo da perda da autonomia. Em um relacionamento sério, elas se sentem subitamente cercadas pelas expectativas do parceiro, desconfortáveis e sufocadas e se arrependem das promessas e declarações que fizeram no período inicial da paixão. Seu *sistema de autonomia* é acionado, e isso costuma levar à *súbita morte do sentimento*. Os sentimentos apaixonados esfriam e o parceiro deixa de ser atraente.

Assim que percebeu que tinha o amor de Júlia "garantido", Roberto se sentiu acuado pelas expectativas dela. A partir desse momento, foi acionada a associação inconsciente com a mãe carente. Enquanto não se sentia totalmente seguro com Júlia, Roberto era movido pelo medo da rejeição; sua única meta era conquistá-la e garantir seu amor. Agora, após a fase inicial de apaixonamento, o sistema de autonomia o leva a criar a distância necessária para que se sinta seguro em si mesmo, mas esse distanciamento também pode levar à separação.

São sintomas típicos de um sistema de autonomia ativo:

- A procura de um parceiro perfeito.
- Ampliação dos pontos negativos do parceiro. Os defeitos do outro parecem tão acentuados que a pessoa passa a ter fortes dúvidas se fez uma boa escolha.
- Controle absoluto da dinâmica de proximidade e distância no relacionamento, ou seja, a pessoa com sistema de autonomia ativo determina quando e por quanto tempo o casal terá momentos de intimidade.
- A pessoa não planeja um futuro comum e frequentemente faz rodeios na hora de marcar encontros.
- Sensação de que o parceiro é um intruso em seu território quando o recebe em casa.
- Dúvidas quanto ao relacionamento e ideação de separação.
- Distanciamento e, às vezes, até mesmo desaparecimento após momentos de intimidade.
- Frequente indisponibilidade para o parceiro.
- Retração emocional quando em contato com o parceiro.
- Perda ou redução do interesse sexual no parceiro.
- Desvalorização do tempo passado com o parceiro.
- Atração por muitos outros parceiros atraentes em potencial e/ou saudades de um parceiro anterior.
- Traição com uma ou mais pessoas.

Por trás do sistema de autonomia se esconde o medo excessivo de que o relacionamento não dê certo ou o medo excessivo de ser cobrado pelo parceiro, ou mesmo ambos. É muito comum que esses dois fatores estejam ligados: a pessoa hiperadequada e com autoestima baixa se distancia justamente porque sente que precisaria satisfazer todas as expectativas do parceiro e se submeter aos seus desejos e necessidades. Isso gera nela resistência, pois não quer perder a si mesma. Tais processos internos costumam permanecer inconscientes. O que a pessoa sente em primeiro plano são as fortes dúvidas sobre o parceiro e sobre o relacionamento.

O medo de ser cobrado consiste em uma projeção, isto é, o medo da pessoa é transformado em culpa lançada sobre a outra. Isso resulta da profunda sensação de ter que se adequar às expectativas do parceiro. Pessoas que se sentem assim provavelmente não aprenderam, quando crianças, que precisam *cocriar* um relacionamento, e internalizaram a ideia de que devem guardar para si seus desejos e necessidades se quiserem manter o relacionamento. Assim, logo que elas sentem segurança, o parceiro sofre uma mutação diante de seus olhos e se torna um inimigo, uma fonte de manipulação e cobrança. A única saída que elas conseguem enxergar é se afastar, tanto emocional quanto fisicamente.

Os sentimentos sufocantes do polo ativo (Roberto) surgem quando o relacionamento se torna mais sério, sendo que a definição de compromisso tem fortes variações dependendo da intensidade do medo de compromisso. Alguns já desistem durante a paquera, outros se afastam apenas após o casamento. O afastamento, porém, sempre ocorre quando a pessoa tem a seguinte impressão no plano subjetivo: "Agora está ficando sério", ou, em outras palavras, "Agora não tenho mais saída!".

Já quem se encontra no polo passivo (Júlia) acredita que tenha encontrado o grande amor de sua vida e que não pode viver sem essa pessoa ou que nunca seria tão feliz com nenhuma outra. Se o sistema de conexão estiver fortemente ativado, o parceiro é idealizado desmedidamente. Tais pessoas se sentem viciadas, impotentes e à mercê do outro. Repito: esse tipo de dependência não tem nada a ver com amor.

Pode haver um final feliz tanto para Júlia quanto para Roberto. É o que veremos ao longo deste livro.

CAPÍTULO 11

OUTRAS CAUSAS DA PERDA DOS SENTIMENTOS AMOROSOS

Além da sensação de um risco de sufocamento e de perda da autonomia, há outros motivos pelos quais o parceiro inicialmente cobiçado perde a atratividade de repente. O excessivo medo da perda também pode levar muitas pessoas a fugir de relacionamentos íntimos. São evitadores em decorrência do estilo de apego ansioso.

Eles erguem muros internos e externos para proteger sua vulnerabilidade. Temem ser abandonados caso realmente confiem e sejam cem por cento sinceros. Em geral, só erguem os muros quando o parceiro está "conquistado". Enquanto não tiverem segurança do amor do outro, sentem saudade e amor intensos. A lógica é que não podem perder o que não têm de fato. Muitos evitadores ansiosos também tendem a se apaixonar por pessoas com as quais não podem ficar de jeito nenhum.

"Você mancha minha imagem"

A intolerância com os próprios defeitos também pode ter um papel significativo na perda súbita dos sentimentos amorosos ou, conforme o caso, na falta de surgimento deles. Pessoas que se preocupam muito com a aparência e se esforçam excessivamente para deixar uma boa impressão costumam ter dificuldade de relevar os defeitos do parceiro, pois o parceiro deve ser apresentável em todos os sentidos e agregar valor, senão sua vaidade é atingida. É nesse contexto que falamos em *narcisismo*.

Narcisistas têm autoestima instável, o que compensam por meio da busca da perfeição e da grandiosidade, daí parecerem tão autoconfiantes. Sendo uma extensão de sua vaidade, o parceiro é submetido a saraivadas de críticas caso fracasse aos olhos do narcisista. Narcisistas ativos não poupam o parceiro (e qualquer outra pessoa) de críticas. Ao apontarem os defeitos do outro, estão se protegendo da autocrítica excessiva. Projetam no parceiro a inferioridade que sentem, o que leva o parceiro a se sentir exatamente como o narcisista não quer: inferior.

Outra razão para a agressividade dos narcisistas é sua alta suscetibilidade a se sentirem insultados. Qualquer mínima crítica pode enfurecê-los. Muitos narcisistas são pessoas com estilo de apego ansioso. À menor sensação de que o parceiro não os ama o suficiente provocam brigas ou terminam o relacionamento. Não é necessário muito para que o narcisista se sinta rejeitado. Os narcisistas também gostam de se reaproximar do parceiro depois que terminam. É comum terem relacionamentos com idas e vindas.

Abordarei mais detalhadamente os problemas enfrentados pelos narcisistas nos relacionamentos amorosos adiante.

"Sinto segurança em você"

Há pessoas que podem iniciar um relacionamento mesmo não estando muito apaixonadas, por puro medo de ficarem sozinhas. Essa também é uma armadilha na qual os extrovertidos ficam presos às vezes, pois têm menos tolerância à solidão que os introvertidos. Uma vez acalmado o medo de ficar sozinho, entretanto, os defeitos do parceiro vêm à tona com toda a força e a pessoa cogita procurar algo melhor.

Você talvez esteja pensando: "Mas como posso reconhecer se meu parceiro é realmente uma pessoa errada para mim ou se minhas dúvidas são mero fruto de medo de compromisso?" Existem dois caminhos possíveis para isso:

1. Sinta internamente qual foi o motivo real para se relacionar com esse

parceiro. O que você achou tão atraente nele? Quais medos podem ter influenciado sua decisão?

2. Reflita se os defeitos enxergados por você no parceiro *realmente* são tão grandes que possam ser justificados por razões objetivas.

Ao procurar distinguir o impacto das emoções em seu julgamento, muitas vezes as pessoas reconhecem que sua crítica é exagerada. Um participante de um seminário me explicou certa vez que havia terminado com a namorada por ela ser três centímetros mais baixa do que deveria, em sua concepção. Racionalmente, ele sabia que isso era ridículo. Por trás de seu olhar excessivamente crítico de fato se escondia um gigantesco medo de compromisso.

Como já mencionei, pessoas hiperadequadas têm um contato precário com as próprias emoções e necessidades. É por isso que muitas se sentem inseguras para reconhecer se encontraram a pessoa certa e têm dúvida se realmente a desejam ou se ainda estão com ela para não magoá-la ou por não saberem viver sozinhas. O acesso precário aos próprios sentimentos dificulta essa tomada de decisão.

"Não posso me separar"

Outro motivo para a avaliação excessivamente crítica do parceiro ou do pretendente pode ser acreditar inconscientemente que não pode se separar. Sobretudo pessoas hiperadequadas e com dificuldade de construir um relacionamento de forma ativa estão convencidas de que não podem decepcionar ninguém. Porém, se não podem decepcionar, também não podem se separar caso tenham errado na escolha do parceiro ou se o relacionamento não mais lhes fizer bem, por outras razões. Pessoas com esse tipo de mecanismo interno hesitam, compreensivelmente, em começar um relacionamento sério. O parceiro precisa ser perfeito para que a pessoa queira correr o risco de uma "relação eterna". Mesmo pequenos defeitos do parceiro levam tais pessoas a fugir de um relacionamento sério. Elas têm mais facilidade de ter relações sem compromisso.

Quando acham que encontraram o parceiro perfeito, porém, surge um novo problema: a própria insuficiência. Tendo em vista que pessoas hiperadequadas também têm um problema de autoestima, estão convencidas de que não conseguem segurar um parceiro tão perfeito assim. Daí, mais uma vez passam a evitar um relacionamento sério com essa pessoa, por sentirem que "não tem futuro", ou, para se protegerem da rejeição, sempre estabelecem certa distância após momentos de intimidade. Nessa dinâmica de proximidade-afastamento, essas pessoas podem permanecer indefinidamente em relacionamentos infelizes, presas à convicção profunda de que não podem se separar.

"Não posso confiar em ninguém"

Por fim, um trauma de relacionamento precoce também pode levar à súbita perda dos sentimentos amorosos. Pessoas que tiveram experiências de desamparo ou abuso físico ou emocional na primeira infância aprenderam que o relacionamento representa uma ameaça. Assim, a intimidade lhes dá medo, pois ativa as terríveis experiências da infância. Para sobreviver, elas fazem o que aprenderam quando crianças: bloqueiam seus sentimentos. Não é um processo consciente, mas algo que gosto de chamar de "reflexo do morto-vivo". A psicologia chama esse processo de dissociação. A pessoa que recai em dissociação aprendeu a praticamente se teletransportar de seu corpo e seus sentimentos, para evitar sentir a profunda dor que lhe causam. Se ela quiser processar suas memórias traumáticas na vida adulta, é muito importante que reaprenda a sentir a si mesma e seu corpo. Ao longo do livro veremos mais detalhadamente as possibilidades de superação de experiências traumáticas de relacionamento.

CAPÍTULO 12

SOBRE O "GOSTO DE SER SOLTEIRO"

Os solteiros convictos provavelmente nem terão interesse em ler este livro. São pessoas que alegam não ter vontade de ter um compromisso sério com ninguém nem disposição para "tanto estresse". Muitos (geralmente são homens) também afirmam não estarem dispostos a sacrificar sua liberdade sexual.

A princípio, não há problema em adotar tal posicionamento desde que seja fruto de uma real liberdade de escolha. A questão é que essa liberdade raramente existe. Muitos solteiros convictos simplesmente não sabem se relacionar. A grande maioria tem medo de compromisso, um medo profundo e inconsciente, e se engana ao se ancorar no polo da autonomia – são pessoas que só se sentem livres sem um compromisso. Sua criança interior associa relacionamento romântico a sofrimento e infelicidade, sente-se acorrentada e sufocada pelo parceiro. No fundo, está convencida de que em algum momento será abandonada e terá o coração partido. Algumas dessas pessoas tiveram relacionamentos traumáticos na infância ou na juventude, de modo que sua criança interior só tem associações negativas à ideia de um relacionamento sério, por isso sente segurança apenas quando está sozinha. Ela associa conexão com desamparo, inferioridade e arbitrariedade.

Pessoalmente, não conheço nenhum solteiro que realmente prefira estar só a viver um relacionamento saudável. Para essas pessoas, estar só é simplesmente o menor dos males. O mal maior é ficar preso em um relacionamento infeliz ou ser abandonado. Algumas acreditam que não vão encontrar uma boa pessoa mesmo e que ninguém vai amá-las de verdade, enquanto outras têm a sensação de que jamais encontrarão alguém compatível. Para alguns desses solteiros convictos, as incessantes aventuras sexuais são uma maneira inconsciente de satisfazer seu desejo de intimidade sem correr riscos.

Você talvez esteja perguntando a si mesmo como posso ter tanta certeza de que estar em um relacionamento é melhor que viver sozinho. E a resposta é que essa é uma necessidade inscrita em nossa genética. Nós, seres humanos, estamos biologicamente programados para ter relacionamentos de longo prazo.

A pesquisadora americana Helen Fisher estudou esse tema e concluiu que a paixão contribui para a escolha de um parceiro e a reprodução. Quando os filhos nascem, porém, esse sentimento deve desaparecer, senão os jovens pais ficariam focados somente em si próprios e negligenciariam as crianças. Nesse momento, idealmente, a paixão é substituída pelo sentimento de amor, ou seja, uma conexão calma e duradoura. Precisamos dessa conexão para conservar os vínculos familiares, necessários para o desenvolvimento das crianças até que cresçam e se tornem autônomas. Há quem afirme que a natureza forneceu ao homem uma libido pronunciada para que ele dissemine seus genes o máximo possível, enquanto as mulheres demoram muito mais a se entediar do parceiro.

Não há nada de errado em se manter solteiro, e sem dúvida é preferível estar só a viver em um relacionamento infeliz, mas recomendo a todo solteiro convicto que explore profundamente seu interior, ao menos uma vez, procurando descobrir se a vida de solteiro realmente é o que quer para si ou se o desejo de conexão natural ao ser humano simplesmente foi encoberto e reprimido por medos e experiências negativas. Convido o solteiro convicto a questionar sua programação interna e, com a ajuda deste livro, experimentar mudá-la.

CAPÍTULO 13

CONDICIONAMENTO OU GENÉTICA?

Talvez você também indague se nossos genes determinam a forma como construímos nossos relacionamentos e como enxergamos o mundo. Nossos genes influenciam nossos traços de personalidade, nossas preferências e aversões, mas também influenciam nossa programação de conexão e autonomia. Existem pessoas que necessitam mais de demonstrações de carinho, enquanto outras, comparativamente, não necessitam tanto.

Nossos genes também influenciam nossa autoestima. Os extrovertidos, por exemplo, tendem a ser menos medrosos e mais autoconfiantes, enquanto os introvertidos tendem a ser mais reflexivos e preferir um estilo de vida mais calmo. As características de extroversão e introversão são fortemente influenciadas pela genética. Nossa programação de relacionamentos é o resultado das predisposições genéticas e do condicionamento adquirido do ambiente.

A respeito disso, vale discutirmos a adequação na interação entre os pais e a criança. Quando uma mãe muito carente tem, por exemplo, um filho com uma necessidade mais baixa de demonstrações de carinho, ela pode se frustrar e talvez até se sentir rejeitada pela criança. Isso pode dificultar sua conexão com aquela criança, e é possível inclusive que ela desenvolva uma relação mais forte com outro filho que corresponda melhor às suas demonstrações. Se, por outro lado, a mãe for pouco empática, talvez nem note que o filho não quer carinho o tempo todo e pode sobrecarregá-lo com seus desejos de intimidade, aos quais a criança acaba se vendo forçada a se submeter. Essa criança, em seu desenvolvimento posterior, pode desenvolver necessidades de autonomia e liberdade extremamente fortes ou repelir necessidades de intimidade do parceiro, ou até mesmo nem inicie um relacionamento sério. Em geral, pessoas com medo de compromisso ativo já têm uma personalidade nata de tendência mais sóbria e objetiva, da mesma forma que pessoas mais apegadas têm um jeito naturalmente afetuoso e diplomático.

Quando pensamos em nossos condicionamentos pessoais, portanto, podemos imaginar quais características talvez sejam herdadas geneticamente e também de que maneira nossos pais lidaram com isso ou em que medida respeitaram nossa predisposição.

CAPÍTULO 14

NOSSOS PAIS: O CAMPO DE TREINAMENTO PARA RELACIONAMENTOS ROMÂNTICOS

Vimos que os primeiros anos de vida são de especial importância para a formação da nossa programação interna, pois é nesse período que acontecem etapas cruciais do desenvolvimento cerebral. É aqui que surgem padrões arraigados que chamamos de *condicionamentos*. Eles determinam como enxergamos a nós mesmos e como interpretamos a realidade externa.

É claro que, além dos pais, outras pessoas e outros fatores também influenciam nossos condicionamentos. E, apesar da importância da primeira infância, experiências posteriores, em especial durante a puberdade, também podem ser decisivas e marcantes pelo resto da vida. Além disso, o desenvolvimento é um processo contínuo e incessante, de modo que estamos sempre acumulando novas experiências e novos aprendizados.

Meu foco tão intenso nos pais e nos primeiros anos de vida tem dois motivos: os primeiros anos de vida são simplesmente determinantes e minha intenção é trazer a explicação mais simples e descomplicada possível. Este livro ficaria extenso demais se eu incluísse todos os possíveis impactos que podem nos moldar por meio de acontecimentos e de ações de outras pessoas. Assim, gostaria de pedir a você que faça essa reflexão por conta própria. Todas as análises tecidas aqui em relação aos pais podem ser ampliadas a outras pessoas importantes ou a acontecimentos relevantes da sua vida. Você também pode aplicar os exercícios que apresentarei adiante à sua situação específica, de forma totalmente individual. Se no seu caso não foram seus pais que marcaram sua história, mas um irmão cruel, uma avó tóxica ou colegas de escola insensíveis, fique à vontade para refletir sobre seus condicionamentos pessoais com base nessas pessoas.

Nossa percepção é condicionada pelas programações inconscientes que nossas experiências de vida gravam em nós. Não temos condições de perceber as coisas de modo totalmente objetivo e imparcial. Esse não é um entendimento recente – muito tempo atrás, o filósofo grego Epiteto já dizia: "Não são as coisas que nos inquietam, mas nossa percepção das coisas." É por isso que alguns psicólogos e filósofos sugerem que não falemos em cognição, mas em percepção. Ou seja, sempre damos ao acontecimento à nossa volta um significado subjetivo ao qual reagimos, como já foi explicado anteriormente à luz do exemplo de Júlia e Roberto. Não reagimos, portanto, aos acontecimentos externos, mas à nossa *interpretação* desses acontecimentos. Quando Roberto esquece mais uma vez um combinado que fez com Júlia, ela não pensa que Roberto assume pouca responsabilidade pelo relacionamento dos dois, mas que *ela* não é importante. Essa convicção interna, que também é uma crença, foi adquirida na infância, e Roberto sempre a aciona. Ao acontecimento (combinado esquecido) se segue a interpretação ("Não sou importante"), seguida pelo sentimento (mágoa/tristeza) e, por fim, pela reação (choro, críticas, lamentações). O mesmo acontece com todos nós: enxergamos o comportamento dos outros pelas lentes de nossos condicionamentos da infância.

Portanto, se quisermos compreender nossa programação de relacionamentos, precisamos lidar com nossos condicionamentos da infância. Para isso, não precisamos adentrar os recônditos mais profundos de nossa alma e processar toda a nossa infância – basta encontrar e compreender o fio condutor. É por isso que abordarei aqui novamente as condições de desenvolvimento da infância no tocante a nosso desejo de conexão, nossas capacidades autônomas e nossa autoestima.

CAPÍTULO 15

CONFIANÇA FUNDAMENTAL E AUTOESTIMA ESPELHADA

Todos nós viemos ao mundo com necessidades físicas e emocionais fundamentais. O recém-nascido é inteiramente dominado pelas sensações físicas: fome, sede e frio; mamar, comer, tomar banho; troca de fraldas, carinho... As primeiras interações com os cuidadores envolvem muito contato físico. A necessidade de conexão do bebê é suprida por meio de ações corporais dos cuidadores ou não é suprida o suficiente.

No primeiro ano de vida se desenvolve a chamada confiança fundamental ou, conforme o caso, desconfiança universal. Caso a experiência do bebê seja a de que alguém o acolhe quando ele chora – alguém o pega no colo, o acaricia e alimenta –, surge nele uma confiança no mundo e nas pessoas, e essa confiança se manifesta no sentimento de ser bem-vindo.

Além de ações de cuidado físico, a criança depreende seu valor também por meio de gestos dos cuidadores mais próximos. Se os pais sorriem e se alegram com frequência quando veem a criança, isso se reflete nela, que sente que os pais estão contentes com sua presença. É isso que chamamos na psicologia de *autoestima espelhada*. Trata-se de um condicionamento profundo que permanece conosco por toda a vida. Ansiamos pelo reconhecimento de nossos pares e nos envergonhamos quando vivenciamos rejeição.

O desejo de reconhecimento e o medo da rejeição são motivações humanas profundas que estão a serviço de nossa necessidade de conexão. Se não ligássemos para nada e não sentíssemos constrangimento algum, não seríamos adaptáveis. Seríamos antissociais, no sentido mais literal da palavra. Nossa profunda necessidade de autoestima e o mecanismo de pressão emocional chamado sentimento de vergonha regulam nosso comportamento na sociedade.

Se nossos pais vão satisfazer nossas necessidades básicas de conexão e autoestima, isso vai depender, em grande medida, de sua capacidade de conexão e empatia. A *empatia* é uma condição determinante para a competência parental. Como vimos, a empatia é a ponte entre mim e você, sendo por isso parte crucial de nossa capacidade de conexão. Especialmente nos primeiros anos de vida, nos quais o bebê ainda não sabe formular e expressar seus desejos, ele depende da capacidade dos cuidadores de terem empatia para identificar suas necessidades.

Mas nos anos posteriores de desenvolvimento também é fundamental que os pais, ou pelo menos um dos pais, tenha empatia com os desejos, alegrias e dificuldades da criança. Assim a criança percebe que tem valor do jeito que ela é e que seus sentimentos são justificados.

Isso também a conduz a aprender a regular seus sentimentos e seu comportamento. Se a criança, por exemplo, chega muito triste da escolinha porque seu melhor amigo não queria brincar com ela, o pai ou a mãe empática espelhará sua tristeza e dirá algo como: "Eu entendo que você esteja triste porque o Felipe não quis brincar com você." Depois que o sentimento da criança foi nomeado e reconhecido, o pai ou a mãe empática provavelmente vai sugerir uma solução: "Quem sabe amanhã o Felipe esteja mais disposto? E se ele não estiver, você brinca com outro amigo." Com isso, a criança aprende várias coisas simultaneamente: 1) O modo como estou me sentindo se chama "triste". 2) Esse sentimento é justificado. 3) Existem recursos para lidar com esse sentimento. E a criança faz a mesma coisa com outros sentimentos, tais como alegria, afeto, raiva, vergonha ou ciúme. Por meio da formulação e da análise dos sentimentos por parte dos cuidadores, ela aprende a nomear tais sentimentos e a integrá-los em si própria. Isso significa que ela tem o direito de ter todos os sentimentos e aprende a lidar com eles.

No entanto, se tiverem dificuldade de exercer a empatia com a criança, os pais lhe sinalizam (involuntariamente) repetidas vezes que seus sentimentos e necessidades não são corretos. Isso pode não se aplicar a todo o espectro de sentimentos; alguns pais só têm dificuldade de lidar com determinados sentimentos. A raiva, por exemplo, é uma emoção com a qual muitas pessoas têm problema – ou por não se regularem bem e serem muito agressivas ou por reprimirem-na cronicamente. No último caso, elas aprenderam com os pais que a raiva é indesejada, ruim ou até mesmo perigosa e passam a sufocar esse sentimento. Se não refletirem sobre esse condicionamento mais tarde, provavelmente o passarão adiante para seus filhos, que também precisarão se submeter aos desejos dos pais e reprimir sua raiva, abrindo mão de parte de sua autenticidade em prol da adequação. Que fique claro: não estou afirmando que devemos deixar a criança expressar a raiva de forma descontrolada. É claro que ela precisa aprender a regular seus sentimentos de irritação e frustração, mas deve perceber que o *sentimento* de raiva é permitido. A raiva é uma expressão vital da autodeterminação e é necessária para desenvolvermos nossa capacidade de diferenciação.

Os pais devem evitar ao máximo levar a raiva do filho para o lado pessoal, para que a criança aprenda a lidar com esse sentimento. Não é fácil lidar com situações nas quais a criança se opõe aos pais, muito frequentes na fase da birra (mais ou menos entre os 2 e os 4 anos). Para se afirmar de forma bem-sucedida perante os pais, a criança precisa da diferenciação por agressão e grita furiosamente: "Sai daqui!" É claro que essa formulação não é das mais agradáveis de se ouvir, mas é perfeitamente adequada para o estágio de desenvolvimento de uma criança de 3 anos, que ainda não consegue ter empatia pela condição dos pais. Pais com autoestima muito instável, porém, podem levar os acessos de raiva dos filhos para o lado pessoal e reagir com uma raiva desmedida ou com tristeza e decepção. Caso os pais reajam com raiva intensa repetidamente, a criança terá medo e aprenderá que a autodeterminação é perigosa. Caso reajam repetidamente com decepção e tristeza, a criança aprenderá que magoa os outros quando afirma a si mesma e que é responsável pelos sentimentos dos pais. Tais experiências são gravadas no cérebro da criança e levam à formação de padrões de comportamento.

Bons pais, portanto, não somente satisfazem os desejos de conexão da criança mas também consideram sua necessidade de autonomia. O desenvolvimento da autonomia da criança está ligado ao *impulso exploratório inato* que a leva a investigar o mundo à sua volta com curiosidade e sede de conhecimento. As crianças têm um forte impulso de compreender o funcionamento das coisas ao seu redor e tentar exercer algum controle sobre elas. É por isso que jogam o brinquedo no chão constantemente, por exemplo, esperando que um adulto o pegue todas as vezes: assim elas treinam a chamada *autoeficácia*, isto é, qual o limite de sua influência no ambiente. O sentimento de ter influência e não simplesmente estar à mercê dos outros também é uma característica crucial da vida autônoma. É por isso que é importante que as crianças também possam impor sua vontade de vez em quando e argumentem dentro das possibilidades. Com isso elas aprendem que ter vontade própria é saudável e que vale a pena lutar pelo que querem.

É claro que a vontade da criança não pode ser a única medida para as ações dos pais, pois ela precisa aprender a se adequar. Nossos desejos de conexão e autonomia interagem e concorrem constantemente uns com os outros. A adequação, que existe em prol da conexão, é aprendida da mesma forma que a autodeterminação, que está a serviço da autonomia. Precisamos sempre abrir mão de um pedacinho da autonomia para a conexão e de um pedacinho da conexão para a autonomia. É necessário um constante exercício de equilíbrio. No melhor dos cenários, aprendemos isso antes de chegarmos à vida adulta, o que é raro: muitas pessoas são hiperadequadas, outras são muito rebeldes e outras oscilam entre os dois extremos.

Por fim, cabe afirmar que os pais deixam fortes marcas nas crianças não somente por meio de suas ações na criação mas também por meio do *exemplo*. As crianças, afinal, se identificam com os pais, em especial com a pessoa do mesmo gênero, que lhe serve de modelo. É assim que algumas mães, por exemplo, passam às filhas uma baixa autonomia ao se adequarem demais ao marido e serem dependentes dele emocional e financeiramente; ou alguns pais transferem aos filhos um comportamento de conexão pouco acentuado, por serem ausentes em casa tanto física quanto emocionalmente. É claro que o pai ausente também deixa marcas na filha, bem como as mães pouco autônomas as deixam no filho; o que quero ressaltar é que o impacto mais forte costuma se dar na criança do mesmo gênero. Se quisermos entender quais condicionamentos vivenciamos na infância, devemos considerar também o exemplo dos nossos pais, aquilo que eles fazem em sua vida como indivíduos, não apenas seu comportamento voltado especificamente para nossa criação.

Os principais comportamentos dos pais que frustram os desejos de conexão da criança são: ausência física e emocional, laço afetivo deficiente, pouca empatia, autoridade rígida, pouca compreensão, desvalorização, abuso, negligência.

Os principais comportamentos dos pais que frustram os desejos de autonomia são: vínculo excessivo, autoridade rígida e repressão da autonomia da criança, poucos estímulos, medo de separação por parte de pelo menos um dos pais que não consegue soltar a criança, bem como pouca autonomia da pessoa do mesmo sexo que a criança.

CAPÍTULO 16

DO CONDICIONAMENTO NEGATIVO AO TRAUMA

O que entendemos por trauma? Segundo Franz Ruppert, famoso especialista no assunto, um trauma é uma situação de emergência psicológica em que todas as estratégias de proteção usuais fracassam. Caracteriza-se, portanto, pela impotência máxima em um contexto de perigo. Durante a infância, podemos vivenciar traumatizações precoces por meio dos nossos pais, caso um deles ou ambos carreguem também traumas não processados. Outras fases da vida podem acarretar traumas por meio de crimes violentos, acidentes ou catástrofes naturais. Quando tratamos da primeira infância, as distinções entre o condicionamento negativo e o trauma não são precisas.

Os traumas se imprimem profundamente no centro de medo (amígdala) do nosso cérebro, onde costumam disparar um alarme muito tempo depois, apesar de a causa do trauma não existir mais há bastante tempo. Acidentes ou catástrofes naturais podem desencadear um trauma assim. Muitas pessoas que tiveram experiências traumáticas vivem em permanente estado de alerta. Em especial quando a traumatização ocorreu mais tarde na vida, na forma de uma tragédia, as pessoas afetadas têm muita dificuldade de reprimir a lembrança do ocorrido, e as imagens de horror as perseguem. Em virtude de tal fardo, tornam-se irritáveis e agressivas, sempre tensas e hiperalertas. Podemos imaginar a amígdala como um guarda íntegro que esqueceu de alertar a pessoa a tempo uma vez e agora tenta remediar sua falha emitindo alertas aos mínimos eventos. Esse quadro pode ser também um caso de transtorno de estresse pós-traumático.

No caso de traumatizações precoces por meio dos pais, as pessoas afetadas também podem se dissociar e reprimir tais eventos a ponto de não se lembrarem mais deles. A chamada programação de sobrevivência impede que eles sejam visitados pelas memórias traumáticas, e assim elas conseguem se manter funcionais no dia a dia.

Traumas familiares podem ser transferidos às gerações seguintes caso permaneçam irrefletidos pela pessoa afetada. Uma mulher que perdeu os pais na guerra, por exemplo, e cresceu em um orfanato, onde não havia ninguém para consolá-la e acolher sua tristeza. Digamos que essa menina tenha reprimido tais memórias e dissociado seu sofrimento interno para conseguir preservar sua integridade psicológica. Ela também nunca processou a morte dos pais, mas congelou dentro de si sentimentos de tristeza, abandono, medo, desespero e impotência. Imaginemos agora que essa menina cresce e tem uma filha. Ela certamente terá dificuldade de lidar com os sentimentos de tristeza, abandono, medo e desespero da filha, pois o acesso a esses sentimentos está bloqueado dentro de si. Quando a filha ficar triste (o que normalmente acontece com toda criança), a mãe não saberá orientá-la e consolá-la, pois para isso precisaria ter contato com a própria tristeza. A tristeza da filha será ameaçadora, pois pode disparar a tristeza da mãe e levá-la a entrar em desespero. Sentindo que é tratada como ameaça, a filha aprenderá a reprimir esses sentimentos dentro de si para não sobrecarregar a mãe. E assim ela perde uma parte importante de si mesma, sua autenticidade, para conservar a conexão com a mãe. Ela assume a responsabilidade por uma boa relação com a mãe. E, tendo em vista que as crianças vivem em uma simbiose tão forte com a mãe, ela também sentirá inconscientemente a profunda dor da mãe e assumirá a responsabilidade por sua felicidade. Essa menina pode vir a se tornar exemplar para os pais, professores e amigos, aquela que nunca causa problemas e é aparentemente perfeita. Ela levará esse condicionamento para a vida adulta na qualidade de programação de relacionamentos. Essa mulher também será muito funcional quando adulta e priorizará as necessidades dos outros em detrimento das suas.

O que isso significa para a capacidade de relacionamento de pessoas como essa filha exemplar? Há duas possibilidades:

1. Elas ficam presas na hiperadequação e se esforçam para satisfazer todas as expectativas do parceiro. Para isso, costumam sentir melhor as necessidades alheias que as suas próprias.
2. Elas se distanciam, se isolam, talvez também evitem relacionamentos sérios, pois não querem perder a si mesmas. Justamente por terem desenvolvido capacidades de diferenciação muito precárias na infância, precisam de um limite radical no exterior.

Em ambos os casos, falta a tais pessoas parte de seu eu. Falta-lhes o acesso essencial aos sentimentos, bem como a compreensão de si. A criança dentro delas se protege pela hiperadequação ou pela diferenciação, mas ainda não entendeu que hoje é adulta e pode conduzir a própria vida. Consequentemente, também é provável que tais pessoas se enredem em uma *ilusão de amor*, afirma Ruppert. A mulher do exemplo pode estar presa em um relacionamento infeliz, confundindo o sentimento de amor com o de dependência. A criança dentro dela se enxerga – como a mãe se enxergava – presa em uma simbiose na qual ela está obrigada a fazer o outro feliz, sem sentir os próprios desejos. Enquanto não perceber que está operando em uma espécie de piloto automático, essa mulher não vai conseguir descobrir o que realmente deseja e o que lhe faz bem. Não vai conseguir viver uma intimidade autêntica, pois sempre estará presente somente com metade de sua pessoa.

Sei que isso pode soar um pouco sombrio, portanto gostaria de reforçar que tais condicionamentos, embora de natureza traumática, podem ser processados. Este livro pode ajudar você nesse sentido. É importante que, ao refletir sobre sua programação de relacionamentos, você desenvolva uma intuição para as circunstâncias familiares que possam ter tido uma influência nela. Existem traumas em sua família que possam ter influenciado seu desenvolvimento?

CAPÍTULO 17

CORAGEM PARA SER SINCERO

Em virtude de minha longa experiência como psicóloga, sei que algumas pessoas têm dificuldade de enxergar sua infância e seus pais com um olhar honesto e crítico. Por isso venho enfatizar que o objetivo dessas análises não é culpar os pais pelos nossos problemas atuais, mas compreender nossos condicionamentos e padrões. Sem essa compreensão, não podemos adquirir a consciência necessária para mudar esses condicionamentos.

Conheço muitas pessoas de meia-idade ou idosas que só começaram a criar uma imagem realista da própria infância mais tarde na vida. Elas me relataram terem reprimido por muito tempo o fato de sua infância ter sido infeliz. Quando pensavam em seus primeiros anos de vida, ocorriam-lhes apenas momentos e imagens felizes, mas quando começaram a olhar com mais cuidado, tiveram que reconhecer que na maior parte do tempo se sentiam solitárias e incompreendidas ou colocavam suas necessidades completamente de lado para não destruir as memórias dos belos momentos e para justificar os pais. Em retrospecto, a infância feliz se revelou uma farsa pessoal. Somente por meio do olhar realista para o passado puderam adquirir compreensão de si mesmas e desenvolver sua programação interna. E, ao fazer isso, elas puderam desenvolver outras programações muito mais adequadas à sua realidade atual, como adultas. Essas novas posturas internas vêm acompanhadas de uma mudança de comportamento que sobrecarrega menos seus relacionamentos e lhes possibilita construir uma vida mais feliz.

Por que tamanha dificuldade de ver os pais de forma crítica? A razão é que, quando crianças, somos dependentes deles e nos sentiríamos completamente desprotegidos e à mercê das circunstâncias caso chegássemos à conclusão de que estão errados, ou até mesmo de que são pessoas ruins. Uma criança de 4 anos que é espancada pelo pai pensa: "Papai tem razão e eu sou um menino mau", não "Papai é agressivo e eu sou um bom menino". Para além do fato de ser psicologicamente muito perigoso para uma criança admitir que depende de pais incapazes, ela também não está cognitivamente em condições de formar um julgamento moral independente. Falta-lhe a visão geral das coisas. Sua perspectiva é: "Eu sou pequena e você é grande e poderoso, então você está certo e eu estou errada."

Lembre-se de que todos abrigamos dentro de nós uma parcela de nossa personalidade que a psicologia chama de criança interior. E é exatamente essa parcela que, caso haja condicionamentos negativos da infância, tende a acreditar até a idade adulta que os outros seriam pessoas boas, mas ela própria é errada de alguma forma. Quando nos identificamos com nossa criança-sombra, nos sentimos insignificantes, mesmo que já sejamos adultos, e raramente nos enxergamos em pé de igualdade com os outros. Presos nessa "matrix" de nossa "programação interna", nos enxergamos dependentes dos outros, afinal eles sabem diferenciar o certo do errado melhor que nós mesmos.

Por esse motivo, muitas pessoas desejam uma mão forte que as conduza pela vida. Enquanto não refletirem sobre seu condicionamento, permanecerão presas nele. Essas pessoas tendem a supervalorizar os outros, reproduzindo inconscientemente a lógica "Você é grande e eu sou pequeno". Não é raro que em pouco tempo essa supervalorização se inverta. O ato de desvalorizar pessoas que percebemos como superiores para nos sentirmos em pé de igualdade com elas é um fenômeno frequente.

Pessoas que costumam ver a si mesmas como inferiores e dependentes geralmente não se separaram dos pais, pois a criança dentro delas tem medo, figurativamente falando, de largar a mão da mãe. Suas capacidades autônomas são muito pouco desenvolvidas e elas só vivem parte de seu potencial. Dessa forma, a idealização dos pais e o emaranhado com eles permanecem, e tais pessoas estão convencidas de que tiveram uma infância cor-de-rosa.

Para enxergar os pais de forma crítica, é preciso tomar certa distância deles, o que significa se libertar pelo menos um pouquinho da conexão. E é justamente disso que as pessoas cuja criança interior se sente insignificante e dependente têm medo. Além do mais, elas amam os pais e se sentem obrigadas a ser leais com eles. Quando refletem criticamente sobre os pais, imediatamente sentem culpa. Em alguns casos, o abalo emocional é tão intenso que adquire um caráter traumático, e existe um tipo de programação de sobrevivência que impede a tomada de consciência de tais feridas. A repressão protege as pessoas afetadas de grande sofrimento.

À medida que identificarmos sua programação de conexão e sua programação de autonomia, vou encorajar você a encarar seu passado e seus pais da forma mais honesta possível. Isso pode ser doloroso no início, mas é uma grande oportunidade para você dissipar sentimentos antigos e desenvolver atitudes completamente novas. Ao mesmo tempo, ter também consciência dos pontos positivos dos pais, bem como ser grato por eles, é de grande auxílio. Além disso, lembre-se de que seus pais também foram condicionados pelos próprios pais. Na grande maioria das vezes, os erros que pais e mães cometem – e todos cometem erros –não são intencionais, eles não o fazem para ferir ativamente os filhos, mas porque refletiram pouco sobre sua criação ou não conseguiram superar seus condicionamentos. Por isso é tão importante a autorreflexão, para você não passar adiante os condicionamentos negativos e não repeti-los em suas relações.

Compreender melhor a si mesmo é o caminho de ouro não somente para a própria felicidade mas também para se tornar uma pessoa melhor no convívio com os outros.

CAPÍTULO 18

DESCUBRA SUA PROGRAMAÇÃO DE CONEXÃO

A partir de agora, vou ajudar você a compreender seus condicionamentos pessoais e sua programação de relacionamentos. Uma vez que adquira clareza sobre ela, você poderá mudá-la no segundo passo.

Recomendo que você separe um caderno para fazer os exercícios e registrar experiências, pensamentos e o que mais desejar. Será seu caderno de reflexões. Sempre recomendo a meus clientes que o façam. É fato que, quando escrevemos, processamos as coisas melhor e somos obrigados a refletir sobre elas até o fim. Se achar muito trabalhoso, você pode somente ler os exercícios e refletir, porém é mais eficiente reservar algum tempo para registrar seus pensamentos e sentimentos por escrito.

Para ajudar você nos exercícios, fiz listas com exemplos que podem servir de referência. Além disso, os personagens Júlia e Roberto também farão os exercícios, para que você possa se orientar a partir de exemplos. Júlia fará os exercícios sobre conexão, e Roberto, sobre autonomia.

Primeiro passo: Descobrir que tipo de conexão você tinha com seus pais

Exercício: Explore o vínculo com seus pais

Para fazer este exercício, conecte-se com seu interior e imagine sua infância diante de si, talvez uma situação específica que ainda esteja vívida em sua memória. Caso você tenha poucas lembranças da infância, isso aponta para a possibilidade de não ter sido tão bela – é bem mais comum reprimir lembranças difíceis da infância do que lembranças boas. Caso você só tenha memórias muito fracas ou até mesmo nenhuma memória de sua primeira infância, evoque qualquer memória de anos posteriores sobre seus pais que você encontre dentro de si e, de acordo com essas lembranças, imagine como teriam sido seus pais quando você era menor.

Reflita sobre em que medida seus pais atenderam suas necessidades de conexão na infância (até os 10 anos). Escreva a resposta em seu caderno de reflexões. Se não tiver crescido com seus pais, pense em seus cuidadores. Escreva a resposta para cada um dos pais ou cuidadores de forma individual ("Minha mãe era..." e "Meu pai era..."). Se tiver também madrasta e padrasto, pode escrever sobre eles, caso tenham tido um papel importante em sua vida.

Exemplos de características positivas de conexão:

Gentil, carinhoso(a), empático(a), dedicado(a), compreensivo(a), acolhedor(a), forte, afetuoso(a), provedor(a), previsível, confiável, bem-humorado(a), equilibrado.

Exemplos de características negativas de conexão:

Frio(a), autocentrado(a), indiferente, sobrecarregado(a), inflexível, rígido(a), autoritário(a), distante, desinteressado(a), agressivo(a), abusivo(a), ameaçador(a), estressado(a), irritável, imprevisível.

Exercício de Júlia:

Mamãe: Ausente. Carinhosa, cuidava de mim quando estava em casa.
Papai: Muito ausente. Geralmente carinhoso, às vezes estressado e meio irritável quando estava em casa.

Segundo passo: Identificar quais sentimentos eram desejados ou indesejados em sua família

Exercício: Como seus pais lidavam com os sentimentos

O que era permitido sentir em sua casa? Com quais sentimentos seus pais sabiam lidar bem e com quais não sabiam lidar tão bem? Quais sentimentos eram indesejados ou pareciam sobrecarregar seus pais? Por conta disso, às vezes você se sentia só e incompreendido por seus pais?

Exemplos de sentimentos positivos: alegria, orgulho, amor, afeto.

Exemplos de sentimentos negativos: tristeza, impotência, vergonha, ciúme, medo, raiva.

Exercício de Júlia:

Mamãe sempre ficava muito rígida e indiferente quando eu chorava e eu implorava a ela que não fosse embora novamente. Acho que ela não sabia como lidar com minha tristeza, porque eu desencadeava um sentimento de culpa tão grande nela. Além disso, a tristeza era um sentimento que ela própria nunca demonstrou. Sempre foi a forte, apesar de provavelmente não ter sido tão forte assim em seu interior. Acima de tudo, tinha dificuldades com os "sentimentos fracos", como vergonha, medo e impotência. Quando eu demonstrava tais sentimentos, ela se sentia impotente. Acho que, nesses momentos, ela sempre tinha a sensação de ser uma mãe ruim. Então passei a não demonstrar mais. Sentimentos fracos são bastante constrangedores para mim até hoje. Por outro lado, ela sabia lidar bem com sentimentos positivos e fortes e demonstrava quanto me amava. Mesmo quando eu ficava com raiva, não havia problema.

Meu pai sabia lidar bem com os sentimentos positivos. Sempre demonstrou que me amava e se orgulhava de mim. Ele tinha mais facilidade que minha mãe para se aproximar de mim quando eu ficava triste, sabia me consolar e me encorajar. Mas com ele eu não podia ficar com raiva. Se isso acontecesse, meu pai imediatamente reagia com raiva também, e tínhamos brigas terríveis.

Exercício: Como você lida com seus sentimentos

Agora escreva em seu caderno de reflexões sobre como você lida com seus sentimentos hoje em dia. Com quais sentimentos você lida bem? E quais você reprime ou tem dificuldade de aceitar?

Exercício de Júlia:

Eu me permito sentir alegria, afeto e amor. Tenho dificuldade em lidar com o medo, principalmente o medo da perda. Costumo reprimir a raiva. Tenho vergonha dos meus sentimentos fracos, como tristeza e impotência. Aprendi com minha mãe que preciso ser sempre forte.

Terceiro passo: Identificar seu papel ou sua função na família

Exercício: Seu papel familiar

Você sente que lhe atribuíram um papel ou uma função específica na sua família? Tais atribuições de papéis costumam ocorrer com base em determinadas características inatas da criança. Se você é mais cauteloso e sensível, por exemplo, talvez as pessoas digam que é "o sensível" da família. Não é algo necessariamente maldoso, mas contribui para a autoimagem que formamos.

Algumas crianças também têm o papel e a função de serem fortes. Isso pode ocorrer, por exemplo, quando a mãe é fraca, de modo que a criança assume a responsabilidade por sua disposição e seu bem-estar, sendo forte e alegre para não enfraquecer ainda mais a pobre mãe. Outra razão possível seria a existência de um irmão com uma doença crônica ou que dê muita preocupação aos pais por outros motivos, de forma que a criança decide não ser um fardo a mais naquela casa. Os pais também podem ter o objetivo bem-intencionado de criar o filho para que seja forte e autoconfiante, o que pode gerar uma exigência inconsciente de que a criança não demonstre fraqueza.

Outras crianças, por sua vez, internalizam a função de tornar a mãe feliz por a verem frequentemente triste. Outras, ainda, de tanto ver os pais brigarem, sentem que cabe a elas mantê-los juntos.

Sinta se você tinha algum papel ou alguma função na sua família. Se quiser, escreva sobre isso em seu caderno de reflexões.

Exercício de Júlia:

Muitas vezes eu agia como a "menininha" da mamãe e do papai para que me vissem como indefesa e ficassem em casa comigo. Ao mesmo tempo, eu tinha a função de ser forte, principalmente para minha mãe. Sempre tentei ser as duas coisas ao mesmo tempo, de algum modo.

Quarto passo: Descobrir suas crenças

Crenças são convicções profundas e geralmente inconscientes sobre nós mesmos, nossa autoestima e nossos relacionamentos. Elas surgem por meio das experiências que temos no mundo, em especial nos primeiros anos de vida, com nossos pais. As crenças são, de certa forma, a linguagem de programação da nossa autoestima. É importante destacar que os pais normalmente não transferem suas crenças ativamente para os filhos. O que acontece é que tais crenças se formam como uma tentativa da criança de compreender o mundo.

Por exemplo, se a criança recebe cuidados amorosos, surgem nela crenças positivas, como "Sou amada", "Sou bem-vinda", "Sou importante", etc. Por outro lado, se vivenciar rejeição e frieza emocional constantes, ela forma crenças como "Não tenho valor", "Estou sozinha", ou "Ninguém me ama".

As crenças sempre são formuladas de forma bastante simples, pois é como nosso inconsciente opera. Tais crenças são como programações internas por meio das quais interpretamos a realidade. Elas são um aspecto central da nossa infância e nos acompanham até a idade adulta, impactando consideravelmente o modo como percebemos o mundo, o que sentimos, o que pensamos e como agimos.

Exercício: Suas crenças sobre conexão, amor e família

Conecte-se com seu interior e sinta quais crenças você carrega dentro de si em relação ao tema conexão, amor e relacionamentos. Para isso, deixe-se novamente impactar pelo que reuniu sobre você e seus pais nos três primeiros passos. A seguir apresento listas de crenças positivas e negativas para ajudar você no exercício. São apenas exemplos, portanto fique à vontade para formular suas próprias frases.

Exemplos de crenças positivas sobre seu relacionamento com seus pais:

- Eu me sinto bem.
- Sou bom/boa o suficiente.
- Sou amado(a).
- Sou importante.
- Tenho valor.
- Posso ser eu mesmo(a).
- Sou bem-vindo(a).
- Há pessoas que cuidam de mim.
- Posso sentir tristeza/raiva/etc.
- Sei me defender.

Exemplos de crenças negativas sobre seu relacionamento com seus pais que afetam diretamente sua autoestima:

- Não tenho valor.
- Não sou bom/boa o suficiente.
- Não sirvo para nada.
- Eu não deveria ter nascido.
- Não sou importante.
- Sou um fardo para minha família.
- Ninguém me ama.
- Serei abandonado(a) em algum momento.
- Sou insignificante.
- Sou indefeso(a).

- A culpa é sempre minha.
- Sou impotente.

Exemplos de crenças sobre seu relacionamento com seus pais que representam estratégias de autoproteção (soluções temporárias para o problema, que no entanto causam prejuízos a longo prazo):

- Preciso ser o que meus pais querem que eu seja.
- Preciso ser um(a) filho(a) perfeito(a).
- Não posso sentir tristeza/raiva/etc.
- Não posso ter vontade própria.
- Preciso ser sempre forte.
- Sou responsável pela felicidade dos meus pais.
- Não posso decepcionar meus pais.
- Não posso deixar meus pais sozinhos (preciso ficar com você).

Exercício de Júlia:

Não sou boa o suficiente. Serei abandonada de qualquer jeito. Estou sozinha. Preciso ser perfeita. Não posso decepcionar minha mãe. Preciso me adequar e obedecer a meus pais.

A partir das crenças de Júlia podemos enxergar facilmente a relação entre sua autoestima frágil ("Não sou boa o suficiente") e a estratégia de autoproteção que ela desenvolveu a partir daí ("Preciso ser perfeita", "Não posso decepcionar minha mãe"). As estratégias de proteção são padrões de comportamento que tentam reduzir o poder das crenças para compensar a autoestima abalada. Veremos essas estratégias em mais detalhes adiante.

Você deve ter identificado muitas crenças suas ao fazer esse exercício. É comum que as crenças sejam meras variações de determinado tema, como vemos no caso de Júlia, cujo medo é ficar sozinha. Quase todas as crenças dela estão relacionadas com o medo de perder o outro. É por isso que ela precisa ser perfeita e satisfazer todas as expectativas das pessoas que ama, pois, inconscientemente, sente que se desagradá-las só um pouquinho lhes dará motivo para a deixarem. Ao mesmo tempo, no entanto, ela se sente impotente, pois, em seu sistema de crenças, será abandonada de qualquer jeito – já que os pais a deixavam sozinha com frequência e a pequena Júlia não tinha como impedi-los.

Exercício: Suas crenças fundamentais

Nossa intenção agora é reduzir suas crenças negativas a seus temas centrais, ou seja, as chamadas crenças fundamentais. Para isso, releia todas as crenças que você encontrou no exercício anterior e sinta internamente quais afetam você com mais intensidade. Identifique no mínimo uma e no máximo três crenças fundamentais.

Exercício de Júlia:

Serei abandonada. Não sou boa o suficiente.

Quinto passo: Identificar seus sentimentos

Esta etapa é essencial para que você compreenda a criança dentro de si, pois são os sentimentos que nos levam a fazer ou deixar de fazer algo.

As crenças, inicialmente, são apenas pensamentos, sem força suficiente para influenciar nossas ações. Todos nós sabemos disso intuitivamente. A mera consciência de que algo é nocivo ou desfavorável não nos motiva a ter ou deixar de ter determinado comportamento. Se fosse assim, só haveria pessoas prudentes e responsáveis no mundo e ninguém teria vícios. São os sentimentos, acompanhados dos pensamentos e crenças, que nos movem ou nos inibem. Na psicologia, falamos em *comportamentos de aproximação e evitação*. São os sentimentos que nos indicam se devemos nos aproximar de algo ou evitá-lo.

As crenças desencadeiam sentimentos em nós mesmos sem que tenhamos sempre consciência deles. Por isso é tão importante identificar tais sentimentos, pois só assim você poderá se pegar no flagra a tempo no futuro quando estiver preso no modo da criança interior, ou seja, em seu sistema de crenças.

Tente sentir de forma plenamente consciente: quais sentimentos suas crenças despertam em você? Se tiver dificuldade de entrar em contato com seus sentimentos, relembre algum conflito que você tenha tido com um parceiro por influência de sua criança interior ferida e identifique quais sentimentos esse conflito evoca em você agora. Quais sentimentos lhe são familiares? Você consegue fazer uma conexão entre seus sentimentos e suas crenças? Preste atenção nos *sintomas físicos* dos sentimentos – por exemplo, pressão no peito, formigamento na barriga, coração acelerado, nó na garganta, etc. Caso sinta apenas o nível físico, identifique o nome de um sentimento que combine com esse efeito.

O *medo da perda* e o *medo do fracasso* têm papel central em nossos sentimentos, pois estão intimamente ligados à autoestima. Em regra, ambos são alimentados por crenças que expressam o sentimento de inferioridade. Muitas pessoas, por exemplo, trazem em si a crença de que não são boas o suficiente. Sua criança interior não consegue acreditar que são amadas como realmente são, daí o forte medo da perda, e fracassar seria a confirmação da inferioridade sentida, daí o forte medo do fracasso.

Pessoas com boa autoestima, porém, não são imunes a esses dois medos, pois eles são parte da natureza humana. Assim como a necessidade de autoestima e a vergonha, os medos da perda e os do fracasso nos impedem de viver como egomaníacos e faz com que nos adequemos à sociedade. Já as pessoas que sofrem essencialmente de inseguranças internas são mais intensamente afetadas pelos medos do fracasso e da perda.

Existem muitos *sentimentos secundários*, aqueles resultantes dos medos da perda e do fracasso. Quando fracassamos, por exemplo, sentimos vergonha; quando perdemos uma pessoa importante, ficamos tristes; quando percebemos a ameaça de uma perda, reagimos com ciúme, e por aí vai. A raiva também é uma reação comum ao fracasso ou à perda. Muitas vezes nos refugiamos na raiva para reprimir a tristeza profunda que pode nos abater após uma perda ou um fracasso. A raiva é um sentimento forte, enquanto a tristeza é um sentimento fraco – é por isso que preferimos sentir raiva. Por outro lado, pode acontecer que pessoas inibidas em sua agressividade sintam tristeza em situações nas quais seria adequado sentir raiva. Vejo isso frequentemente em clientes que me relatam, por exemplo, que o parceiro os trata mal, os ofende ou os xinga. Quando pergunto se o comportamento do parceiro também os deixaria com raiva, eles costumam negar. Nesse caso, porém, a raiva seria uma emoção muito mais adequada. Tais clientes – em geral, são mulheres – estão totalmente no polo da conexão e geralmente já aprenderam a reprimir a raiva na infância para não colocar em risco a relação com os pais e, no futuro, com o parceiro. A agressão de diferenciação seria necessária para que eles se defendessem de forma adequada ou terminassem a relação. Tais pessoas sacrificam parte de sua autonomia quando reprimem a raiva para manter a conexão com o parceiro.

Exercício: Reconhecer seus sentimentos

Anote seus sentimentos mais frequentes nos relacionamentos românticos. Quais sentimentos fazem com que você se apegue a um parceiro difícil? Ou quais sentimentos distanciam você do parceiro? Qual é o seu maior medo na relação? E seu maior desejo?

Exercício de Júlia:

Tenho muito medo da perda e por isso sou extremamente ciumenta. O grande problema é que me sinto inferior. Meu maior desejo é ser amada.

Sexto passo: Resumo

Agora que você encontrou os principais conteúdos de sua programação de relacionamentos, sugiro que recapitule suas descobertas para vê-las com bastante clareza.

Exercício: Sua programação de relacionamentos em poucas palavras

Entre novamente em contato com seus sentimentos e refaça os passos anteriores tentando identificar sua programação interna. Anote tudo no seu caderno de reflexões.

Exercício de Júlia:

Meus pais viajavam muito e eu me sentia abandonada. Eu achava que a culpa era minha, por não ter sido uma boa menina, tanto que até hoje não me acho digna de ser amada. É claro que isso não é a realidade, mas é como me sinto. A criança dentro de mim morre de medo de ficar sozinha. Preciso de alguém ao meu lado o tempo todo. Tenho um anseio gigantesco por amor e conexão. Mas então por que namoro justamente Roberto, que me deixa tão sozinha? Eu me apaixonei porque ele parecia tão forte e independente, e é exatamente isso que me falta. Achei que ele me protegeria e cuidaria de mim. Mas não. Pelo contrário: com ele sinto ainda mais medo da perda. Faço de tudo para agradá-lo, mas o fato de ele ser tão distante provavelmente não tem nada a ver comigo. Sua criança interior deve ter uma programação muito distinta da minha. Talvez ele seja assim por causa da mãe, que exigia demais dele quando era criança.

CAPÍTULO 19

DESCUBRA SUA PROGRAMAÇÃO DE AUTONOMIA

Agora vamos explorar em que medida seus pais estimularam ou prejudicaram suas capacidades autônomas ou se eles exigiram muita autonomia de você muito cedo.

Primeiro passo: Explorar em que medida seus pais atenderam à sua necessidade de autonomia

Exercício: Você desenvolveu autonomia?

Você escreverá aqui novamente de forma individual para seus pais (cuidadores) quanto eles ajudaram você a se tornar independente ou se eles se agarraram muito fortemente a você. Talvez eles tenham colocado você para caminhar com as próprias pernas cedo demais? Escreva tudo que achar relevante. A seguir você encontrará possíveis formas de descrever como se deu esse desenvolvimento.

Exemplos de características positivas (você pode usar apenas "minha mãe" ou "meu pai" no lugar de "meus pais"):

- Meus pais me apoiaram.
- Meus pais me ensinaram muita coisa.
- Meus pais me transmitiram confiança nas minhas capacidades.
- Meus pais me encorajaram quando tive medo.

- Meus pais acreditaram em mim.
- Meus pais me ajudaram quando não consegui seguir em frente sozinho.
- Meus pais sabiam me apoiar sem me pressionar.
- Não senti culpa quando saí de casa.
- Eu podia expressar minha vontade e muitas vezes ela prevalecia.
- Eu não era repreendido(a) nem temido(a) por ficar com raiva.

Exemplos de características negativas:

- Meus pais me negligenciavam.
- Meus pais me deixavam sozinho(a) com frequência.
- Meus pais me sobrecarregavam.
- Meus pais eram autoritários.
- Meus pais sabiam fazer as coisas melhor que eu.
- Não aprendi quase nada com meus pais.
- Meus mais não me estimulavam a fazer as coisas sozinho(a).
- Meus pais tomavam as decisões por mim.
- Meus pais me sufocavam.
- Meus pais tinham concepções claras sobre como eu deveria ser.
- Meus pais não sabiam lidar com minha raiva.
- Meus pais eram superprotetores.
- Eu me sentia preso a meus pais.
- Meus pais eram muito carentes.
- Meus pais não me davam atenção, estavam sempre ocupados demais com a própria vida.
- Meus pais eram amorosos, mas também distantes.
- Meus pais não sabiam lidar com meus sentimentos fracos.
- Sempre fui mais forte que meus pais de certa forma.

Exercício de Roberto:

Minha mãe me amou desesperadamente. Ela me sufocava. Eu sempre me sentia culpado quando a deixava sozinha. Ela era muito carente. Eu a amava e odiava ao mesmo tempo.

Meu pai não me protegia da minha mãe, então nesse sentido ele me abandonou, mas também me ensinou muita coisa e estimulou minha independência. Mas ele deveria ter dado mais atenção a minha mãe, pois eu vivia totalmente à mercê dela.

Segundo passo: Identificar que exemplo seus pais eram para você

Exercício: Desenvolvimento da independência pelo exemplo

Agora reflita sobre que exemplo seus pais, em especial o genitor do mesmo gênero que você, lhe deixaram em termos de autonomia e independência. Eles eram livres e independentes ou mais dependentes e adequados? Ou eram excessivamente autônomos, ou seja, foram ausentes física ou emocionalmente?

Exercício de Roberto:

Mamãe era muito dependente e se agarrava a mim, pois meu pai nunca estava disponível para ela. Mas ela também não teria tido forças para se separar de meu pai. Era dependente dele emocional e financeiramente.

Papai tinha a própria vida. Focava em si mesmo e era pouco conciliador. Deixava minha mãe sozinha com frequência, bem como a mim. Era muito autônomo de um jeito egoísta.

Terceiro passo: Compreender como seus pais lidavam com sua raiva

Como já mencionei, a agressividade, ou seja, sentimentos de ódio e raiva são muito importantes no processo de nos diferenciarmos e sermos capazes de traçar nosso próprio caminho. Algumas pessoas são muito agressivas, enquanto outras são muito inibidas nesse aspecto, e ambas as personalidades têm efeitos negativos em suas experiências e sua autonomia. Na psicologia, distinguimos a agressão passiva da ativa.

As agressões ativas são facilmente reconhecíveis: ser assertivo, se defender, brigar, gritar, bater. Já as agressões passivas são mais discretas. Pessoas com a agressividade inibida tendem a ser passivo-agressivas. Isso significa que em vez de dizer claramente o que querem e o que não querem, fazem rodeios e erguem muros. Alguns comportamentos típicos da agressão passiva são: dar gelo, enrolar, consentir mas não executar, "esquecer" promessas, deixar o outro na mão, erguer muros, teimosia e falta de compromisso.

Pessoas que constroem uma vida com autonomia e de forma positiva sabem expressar seus desejos, se defender e negociar, ou seja, usam a energia da agressividade de forma construtiva. Pessoas muito agressivas, por outro lado, têm um desejo de poder acentuado e impõem sua autonomia e suas necessidades, com comportamentos autoritários e exigentes e pouca flexibilidade.

Pessoas que constroem sua autonomia de forma passivo-agressiva também têm um desejo de poder pronunciado, mas costumam ser fechadas, inacessíveis. Seguem a vida obstinadamente, sem dialogar muito. Relutam em discutir o relacionamento e fazem promessas verbais, mas nada muda. Os mais endurecidos nem promessas verbais fazem. Algumas pessoas com forte inibição da agressividade manipulam o parceiro também com lamentações e queixas. Costumam ser rabugentas e chorosas, colocando-se como vítimas para serem cuidadas. É um comportamento mais comum entre mulheres, mas isso não significa que seja raro homens agirem dessa forma.

Exercício: Você podia sentir raiva e ter vontade própria?

Pense sobre de que forma você defende seus interesses e satisfaz suas necessidades pessoais. Como seus pais lidavam com suas vontades? Você podia ter vontade própria? Podia ficar com raiva? Que exemplo seus pais eram para você no tocante a defender os próprios interesses? Anote em seu caderno como cada um de seus pais lidava com a própria raiva e com a dos filhos (a sua).

Reflexão de Roberto:

Minha mãe vivia se lamentando. Ela usava a fraqueza e a carência para me manipular. Nunca demonstrava raiva, só decepção, e isso era mais doloroso do que nas poucas vezes em que ela brigava comigo. Eu precisava reprimir minha raiva para me relacionar com minha mãe, pois se eu demonstrasse irritação e sentimentos parecidos, ela logo ficava com os olhos marejados. Então eu me sentia culpado e me controlava. Ainda hoje, às vezes me sinto sufocado quando penso nisso – sinto o mesmo com Júlia quando ela exige mais intimidade e se mostra triste com nosso relacionamento.

Meu pai era fechado, distante. Fazia o que queria, ignorando minha mãe, por mais que ela pedisse e implorasse. Ele se refugiava no trabalho e nos hobbies. Agora, ao refletir sobre isso, vejo que me comporto da mesma forma que ele. Droga!

Quarto passo: Descobrir suas crenças

Agora vamos identificar as crenças que você desenvolveu em torno do tema autonomia. Atenção: há grandes interseções entre as crenças do tema conexão e as do tema autonomia. Isso significa que haverá repetições na enumeração das crenças, pois conexão e autonomia estão ligadas. Uma criança que tenha sido fortemente frustrada pelos pais em sua necessidade de conexão pode desenvolver, por exemplo, a crença "Preciso conseguir fazer tudo sozinha". Isso significa que, justamente por ter vivenciado pouca conexão, ela tem pouca confiança nos outros e se posiciona no polo da autonomia. Queremos ver se você encontrará outras crenças sobre o tema autonomia ou se tem as mesmas crenças sobre a autonomia e sobre a conexão.

Exercício: Suas crenças sobre autonomia

Quais crenças você desenvolveu com base em como seus pais atenderam às suas necessidades de autonomia?

Algumas possíveis crenças positivas sobre autonomia:

- Eu consigo. (Sou capaz. Sou forte.)
- Eu sei me defender.
- Posso ser eu mesmo(a).
- Posso ter vontade própria.
- Sou grande e independente. (Tenho influência sobre o que me acontece.)
- Estou em pé de igualdade com os outros. (Tenho os mesmos direitos que todo mundo.)
- Posso me separar das pessoas se quiser. (Posso seguir meu próprio caminho. Posso decepcionar as pessoas às vezes.)
- Tenho direito à raiva. (Posso sentir minhas emoções.)

Algumas possíveis crenças negativas sobre autonomia:

- Não consigo. (É de mais para mim. Não sou capaz de lidar com tudo isso.)
- Não faço nada direito. (Não tenho capacidade de lidar com a vida. Preciso de ajuda.)
- Sou inferior.
- Sou fraco(a)/insignificante. (As outras pessoas me esmagam. Estou à mercê dos outros.)
- Estou abandonado(a). Não tenho ninguém.
- Sou impotente. (Não sei me defender.)
- Sou superior aos outros. (Sou mais forte/melhor que as pessoas. Sou especial.)

Algumas possíveis crenças que expressam estratégias de defesa:

- Preciso me defender.
- Não posso ceder.
- Preciso permanecer criança.
- Não posso me separar de ninguém.
- Não posso dizer não. (Não posso me diferenciar. Não posso ter vontade própria. Meus desejos não têm valor.)

- Preciso ficar longe de todos/fugir/desaparecer.
- Preciso conseguir fazer tudo sozinho(a). (Não posso confiar nas pessoas.)
- Preciso ser invisível. Não posso permitir que vejam como sou defeituoso(a).
- Não posso tentar me defender.
- Preciso obedecer a tudo. (Não posso ficar com raiva. Não posso decepcionar os outros.)
- Preciso manter o controle/sair por cima/ter poder.
- Preciso ganhar sempre. (Preciso ser invencível.)
- Preciso lutar.

Exercício de Roberto:

Crenças negativas: Sou impotente. Estou à mercê das circunstâncias.

Crenças que expressam estratégias de defesa: Preciso me submeter aos outros. Preciso me esconder. Preciso me isolar.

Exercício: Descobrir suas crenças fundamentais

Também queremos explorar suas crenças fundamentais sobre autonomia, isto é, aquelas crenças que resumem o tema central de seus condicionamentos. No caso de Roberto, por exemplo, tudo gira em torno da sensação de que ele não pode jamais decepcionar as pessoas e precisa se submeter (o que ele viveu com a mãe). Sua solução para isso (assim como a de seu pai) é se isolar.

Releia todas as suas crenças relacionadas a autonomia e sinta quais são as mais fortes. Anote isso.

Exercício de Roberto:

Não posso decepcionar as pessoas. Preciso me submeter. Preciso me isolar.

Quinto passo: Identificar seus sentimentos

Exercício: Reconhecer seus sentimentos

Depois de encontrar suas crenças fundamentais, explore o que você sente ao acessá-las ou perceba quais sentimentos surgem quando você pensa em sua autonomia pessoal e sua liberdade. Você também pode pensar em seu relacionamento atual (ou algum anterior) e identificar quais sentimentos negativos típicos surgem em você constantemente. Quais sentimentos seus são muito desgastantes/destrutivos para seus relacionamentos?

Mapeie também as sensações físicas que acompanham os sentimentos. No caso do tema autonomia, muitas pessoas sentem uma pressão (no estômago, na região do pescoço, nos ombros), que reflete a pressão de adequação que sentem.

As emoções culpa, raiva e rebeldia têm um papel especial no modo autônomo. Pessoas que foram muito tolhidas em sua autonomia por assumirem demasiada responsabilidade pelo sucesso da relação com um dos pais na infância se sentem culpadas rapidamente. No fundo, ainda se sentem responsáveis pelos sentimentos do outro. Essa responsabilidade internalizada costuma gerar, em defesa, sentimentos de rebeldia e raiva. Pessoas com desequilíbrio para o lado da autonomia têm muita dificuldade de lidar com as expectativas alheias e reagem com grande sensibilidade às expectativas do parceiro. Sua criança interior tem a sensação constante de que precisa cumprir todas as expectativas alheias perfeitamente – daí vem a rebeldia e elas fazem exatamente o contrário.

Escreva seus sentimentos em seu caderno de reflexões.

Exercício de Roberto:

Pressão de adequação, medo de fracassar, sentimentos de tensão e sufocamento, culpa, raiva e rebeldia.

Sexto passo: Resumo

Exercício: Sua programação de autonomia em poucas palavras

Quero lhe pedir agora que resuma seus pensamentos, sentimentos e descobertas sobre o tema autonomia, para que você visualize com clareza sua programação nesse sentido. Para isso, sugiro recapitular os passos trabalhados na questão da autonomia para encontrar o fio condutor.

Exercício de Roberto:

Eu me sentia sufocado por ter que compensar o abandono do meu pai já que minha mãe não tinha mais ninguém. Sem recursos para lidar com a situação, desenvolvi sentimentos intensos de culpa e autocobrança. Sentia que precisava estar sempre disponível para ela (hoje em dia, sinto isso em relação a Júlia). Isso, porém, desencadeia em mim uma sensação de aperto tão forte que na mesma hora me revolto e acabo fazendo justamente o contrário, ou seja, me afasto. É por isso que estou sempre lutando por minha autonomia no relacionamento com Júlia, apesar de ela não ser minha mãe e, na verdade, nem pedir nada absurdo. Pensando bem, as expectativas que Júlia tem em relação a mim são justificadas.

CAPÍTULO 20

CONHEÇA SUA CRIANÇA-SOMBRA

Quem é a criança-sombra? É a parte da criança interior que está ferida e que vivenciou condicionamentos negativos por meio dos pais. Tudo que condicionou você de forma negativa em relação aos temas conexão, autonomia e autoestima é atribuído à sua criança-sombra. Os condicionamentos negativos são a programação defeituosa que vem impedindo você de ser feliz em um relacionamento da forma que deseja.

Todos nós temos condicionamentos negativos, pois não existem pais perfeitos nem infância perfeita. Todos nós, portanto, abrigamos uma criança-sombra em nosso interior. A criança-sombra é uma metáfora de fácil compreensão e com a qual é fácil trabalhar. Quem leu meu livro *Acolhendo sua criança interior* já a conhece. Agora, o tema principal deste livro é sua programação de conexão e autonomia. As parcelas problemáticas dessa programação configuram sua criança-sombra. Sua criança-sombra, portanto, corresponde aos condicionamentos difíceis e negativos de infância desenvolvidos por você no tocante a autonomia e conexão. Você pode simplesmente internalizá-la ou, como faz Júlia no exemplo a seguir, concentrar-se para defini-la por escrito e visualizá-la de forma concreta.

Vale lembrar que sua criança-sombra vive lado a lado com sua criança-sol, que simboliza nossos condicionamentos positivos e tudo que nós próprios podemos moldar de forma positiva na vida adulta. A criança-sol é nossa meta emocional e terá um papel importante mais adiante.

Exercício: Visualizar sua criança-sombra

Se você quiser visualizar sua criança-sombra com clareza, vale a pena captá-la visualmente. Este exercício é tão simples quanto poderoso, pois fará com que você enxergue seus condicionamentos de infância com rapidez. Recomendo, portanto, que faça este breve exercício. Desenhe inicialmente a silhueta de uma criança em uma folha A4 ou maior. Você encontrará um exemplo no verso da capa deste livro.

Escreva agora os nomes de seus pais (ou cuidadores) dos lados direito e esquerdo, da forma como você se referia a eles na infância ("mamãe e papai", "mãe e pai", "mami e papi", etc.). Abaixo, escreva palavras-chave que expressem como você os enxergava quando criança. Se precisar, consulte suas anotações sobre os temas conexão e autonomia. Basta resumir as principais características negativas de seus pais relativamente a ambos os temas (conexão e autonomia). Deixaremos as positivas reservadas para sua criança-sol.

Exercício de Júlia:

Mamãe: muito ausente, não sabia lidar com sentimentos fracos nem me consolar. Eu precisava ser forte e não podia chorar. Papai: muito ausente, às vezes irritado.

Agora, escreva na área do peitoral e da barriga de sua criança-sombra as crenças fundamentais negativas que você encontrou, tanto as relacionadas ao tema conexão quanto aquelas relacionadas ao tema autonomia. Escreva no máximo cinco.

Exercício de Júlia:

Medo da perda, ciúme. Serei abandonada. Não sou boa o suficiente.

Na barriga de sua criança-sombra, escreva os sentimentos negativos que surgem em você no tocante aos temas conexão e autonomia.

Depois de anotar tudo, você terá diante de si a imagem de sua criança-sombra, aquela que sempre lhe causa problemas nos relacionamentos. É esse condicionamento que pode ser reduzido às nossas crenças e aos sentimentos correspondentes a elas. Para evitarmos tais sentimentos desgastantes e as crenças negativas o tempo todo, ou seja, para compensarmos a inferioridade que sentimos, desenvolvemos *estratégias de proteção* já na infância. Essas estratégias geralmente já estão formuladas nas crenças. Por exemplo: "Preciso ser bonzinho e comportado!", "Preciso ser perfeito!" ou, no caso de Roberto, "Preciso me isolar". São as nossas estratégias de proteção que sobrecarregam nossos relacionamentos, pois elas se manifestam em nosso comportamento.

É crucial que você compreenda o impacto colossal que suas crenças têm em sua percepção, seus pensamentos, sentimentos e comportamentos. O mero fato de reconhecer sua programação interna – ou seja, sua criança-sombra – já lhe possibilitará criar certa distância dela e regular melhor seus pensamentos e sentimentos.

CAPÍTULO 21

DA PERSPECTIVA DE CAMPO PARA A PERSPECTIVA DO OBSERVADOR

"Eu estava sentada em um trenó, e a paisagem voava diante de mim. O trenó descia uma ladeira e eu não tinha controle algum. Em meio ao solo acidentado, precisei me segurar desesperadamente, paralisada de medo. Diante de mim surgiu então um desfiladeiro profundo, um penhasco. Eu estava completamente impotente, não podia frear e sabia que era meu fim." Foi mais ou menos assim que me senti quando assisti a um filme de um passeio de trenó em 4D em um estúdio de cinema da Baviera. O efeito 3D era criado por meio dos famosos óculos e a quarta dimensão era criada pelo banco que se movimentava em sincronia com o trenó. Além disso, um vento soprava em meu rosto. A ilusão de estar em um trenó era perfeita. Quando acabou o filme (que, graças a Deus, durou apenas cinco minutos), pensei: "É exatamente assim!" Quando nos identificamos com nossa criança-sombra, ficamos presos na *perspectiva de campo* e realmente acreditamos em tudo que pensamos e sentimos. Ficamos presos em nosso filme 4D pessoal. Se quisermos desembarcar desse filme, precisamos nos deslocar da perspectiva de campo para a *perspectiva do observador*. Somente a partir dela poderemos reconhecer que estamos sentados em um cinema em segurança e que se trata de uma mera projeção na telona.

O que isso significa na prática? Quando se identifica com sua criança-sombra, você realmente acredita que não é bom o suficiente ou que as expectativas do seu parceiro o sufocam. Você acredita em suas crenças – e é por isso que elas são crenças. A verdade, porém, é que se trata de condicionamentos *arbitrários*, que dizem algo exclusivamente sobre a sobrecarga (ao menos parcial) de seus pais. Se seus pais tivessem sido diferentes – tanto para o bem quanto para o mal –, você teria desenvolvido outras crenças. Simples assim. As crenças, portanto, espelham a capacidade de relacionamento e de criação de seus pais, não a verdade objetiva ou sua personalidade. Você vai compreender isso (assim espero) com a cabeça fria da razão a partir da perspectiva do observador. Você se vê de fora a partir da perspectiva do observador. Você olha para si próprio – completamente desprovido de emoções, de forma puramente racional – e avalia o fato em si como se fosse o juiz de seu próprio caso.

Talvez você possa fazer isso agora: visualize sua criança-sombra como se fosse outra pessoa e veja, por um olhar externo, o que tudo isso tem a ver com seus condicionamentos pessoais. Analise se suas crenças e os sentimentos ligados a elas se justificam. Talvez eles sejam o mero resultado de sua relação com seus pais e viessem a ser diferentes no caso de outra relação, e isso é completamente independente do tipo de criança que você foi. Imagine simplesmente que seus pais se comportaram de forma diferente e você verá: isso teria afetado diretamente suas crenças anotadas na barriga da criança-sombra. A criança-sombra mostra a interação entre o comportamento dos pais e o desenvolvimento da criança. Ela pouco diz respeito à sua personalidade de fato.

Nossa razão, localizada numa região do cérebro chamada córtex frontal, trabalha mais devagar, porém com muito mais profundidade que nossas emoções, localizadas no sistema límbico, em especial na amígdala – uma parte do cérebro bem mais antiga em termos evolutivos. Isso tem consequências sérias em nossas ações. Quando estamos com medo, por exemplo, essa emoção alcança nossa consciência imediatamente e orienta nossas ações, o que pode garantir nossa sobrevivência em situações em que não há tempo para ficarmos ponderando e racionalizando. A razão não tem a menor chance contra a amígdala – pelo menos não quando ela notifica um medo de forma extrema. A razão só entra em cena depois que as emoções se desligam. Aí, sim, ela pode analisar e compreender a situação com calma. A razão é a ferramenta para assumir a perspectiva do observador. Na psicologia, a razão também pode ser chamada de *adulto interior* ou *ego adulto*.

CAPÍTULO 22

O EGO ADULTO

O ego adulto é a principal ferramenta que temos para nos distanciarmos das projeções de nossa criança-sombra. A projeção consiste em transferirmos nossa autoimagem para os outros. Por exemplo, a criança-sombra de Júlia sente que é inferior aos outros. Quando Roberto mantém certo distanciamento dela, dando como desculpa seu trabalho ou seus hobbies, Júlia projeta sua autoimagem no olhar de Roberto, supondo que ele a vê da mesma forma que ela vê a si própria e que se distancia por ela não ser tão interessante ou tão bonita. A partir dessa projeção, Júlia tenta solucionar o problema se esforçando para ser mais atenciosa, mais bonita e mais interessante, para convencê-lo de seu valor.

Ela somente manterá tais esforços, porém, enquanto se identificar com sua criança-sombra, acreditando em tudo que a criança-sombra sente e pensa. Se mudasse sua perspectiva e olhasse para a situação a partir de seu ego adulto, ou seja, a partir da perspectiva do observador (como ela já fez nos exercícios sobre sua programação de relacionamentos), Júlia conseguiria reconhecer que o comportamento de Roberto não diz nada sobre seu valor, mas sobre a criança-sombra dele, que se sente pressionada facilmente – por qualquer mulher, pois projeta nas mulheres suas experiências com a mãe carente. Ao analisarmos o comportamento de Júlia e de Roberto com nosso ego adulto, podemos reconhecer de fora, da perspectiva do observador, que não são dois adultos, mas duas crianças-sombra que estão se relacionando, sendo que a de Júlia anseia por conexão e intimidade, enquanto a de Roberto na verdade até anseia por essas coisas, mas seu medo de cobranças por parte de uma mulher dominante é tão grande que desperta nele a desconfiança. Roberto nem mesmo percebe seu desejo de conexão, apenas nos raros momentos em que se abre para Júlia.

No dia a dia, nossas percepções da perspectiva da criança-sombra e da razão se misturam. Não estamos acostumados a separar nossos estados de consciência; levamos a sério os sentimentos da criança-sombra. Assim, o entendimento racional de Júlia de que Roberto é um pouco complicado para relacionamentos se mistura com seu medo de não ser uma boa namorada. Porém seu medo do fracasso e da perda é significativamente maior que o argumento da razão sobre o caráter complicado de Roberto. Tendo em vista que o comportamento ambivalente dele ativa em Júlia seu sistema de conexão de forma intensa, ela interpreta o medo da perda como sinal de amor. Temos aí um dilema.

Para resolver esse dilema, Júlia precisaria se distanciar de seus sentimentos em relação a Roberto. Ela não poderia, portanto, acreditar no sentimento de paixão (que na verdade é medo da perda) ou não deveria se basear nele para suas decisões. Também nesse contexto a razão de Júlia poderia ser de grande auxílio: ela está tão "apaixonada" apenas porque não conquistou Roberto inteiramente. Além disso, seu sentimento de inferioridade faz com que ela tenha uma percepção idealizada de Roberto, o que intensifica ainda mais seus sentimentos. Roberto é o senhor absoluto nos temas intimidade e distância na relação, e isso contribui para seu esplendor e sua grandeza aos olhos da criança-sombra de Júlia. Se conseguisse se colocar por completo na perspectiva do observador, Júlia poderia enxergar que está em pé de igualdade com Roberto e que ele não é o herói inalcançável com o qual ela sempre sonhou, mas um homem com um grande problema com intimidade em relacionamentos românticos. Assim ela poderia se libertar do envolvimento com ele e ver claramente que não conseguirá obter controle sobre a situação simplesmente porque os sentimentos e comportamentos de Roberto não são responsabilidade dela. A partir dessa perspectiva, ela poderia desconstruir a idealização. Já vi diversos clientes acordarem abruptamente de seu inebriamento amoroso graças à perspectiva do observador.

Roberto, por sua vez, poderia reconhecer, a partir da perspectiva do observador, que Júlia não é sua mãe e enxergar que não é mais uma criança. Como um adulto, ele tem liberdade pessoal, portanto não precisa se defender de sua namorada com distanciamento intencional. Roberto também poderia se libertar de suas projeções com o auxílio do ego adulto.

CAPÍTULO 23

A CRIANÇA-SOMBRA E SUAS ESTRATÉGIAS DE PROTEÇÃO

Como vimos, Júlia tenta solucionar sua dificuldade de relacionamento com Roberto se esforçando ao máximo para agradá-lo. Podemos dizer que essa é sua estratégia de autoproteção ou simplesmente estratégia de proteção. Essas estratégias são tentativas, geralmente inconscientes, de não sentir as crenças negativas internalizadas e os sentimentos desconfortáveis desencadeados por elas. São, digamos, uma compensação para a autoestima abalada. Se estou convencida de que não sou uma boa namorada ou uma mulher interessante para um relacionamento, posso me esforçar para ser suficiente de alguma forma. Posso tentar, por exemplo, fazer tudo da maneira como acho que meu namorado espera – posso até mesmo tentar ser perfeita. O perfeccionismo é uma estratégia de proteção amplamente utilizada. Outra estratégia muito comum é a obsessão por harmonia. Pessoas cuja criança-sombra sente muito medo de sofrer rejeição evitam conflitos de qualquer natureza. Dizem sim mesmo quando querem dizer não, pois sua criança-sombra tenta arduamente satisfazer todas as expectativas alheias. Por outro lado, há pessoas que protegem sua criança-sombra de modo agressivo, exigindo o que querem e lutando com unhas e dentes por suas necessidades.

As estratégias de proteção também podem ser classificadas de acordo com os temas conexão e autonomia. Aquelas que satisfazem a necessidade básica da conexão se caracterizam por um grande esforço por autonomia. Algumas delas são: perfeccionismo, obsessão por harmonia, impotência (eterna criança), delegação de responsabilidade, lamentações, consumismo e vícios. Já as estratégias de proteção que satisfazem a necessidade básica da autonomia incluem: desejo de controle e poder, recusa e isolamento, evitação e agressividade. De modo geral, podemos dizer que pessoas situadas no polo da conexão utilizam estratégias de proteção passivas, de adequação, enquanto aquelas situadas mais no polo da autonomia recorrem a estratégias de proteção ativas, exercendo controle e lutando.

Todos nós fazemos uso de diversas estratégias de proteção, em maior ou menor grau. Todos nós nos esforçamos, por exemplo, para evitar cometer erros, delegamos responsabilidades que são nossas e buscamos exercer algum tipo de controle (um dos principais elementos da autonomia). No entanto, pelo que observo, a grande maioria das pessoas tende mais para um dos polos: suas estratégias de proteção ou são mais voltadas para a adequação ou são mais voltadas para a autonomia. Além disso, a grande maioria das mulheres tende mais à adequação, enquanto os homens tendem mais à autonomia. Isso também explica por que as mulheres se apegam mais frequentemente a homens que não as assumem ou não se comprometem, e os homens fogem repetidamente. Estimo que apenas um terço dos homens privilegie estratégias de adequação e apenas um terço das mulheres privilegie estratégias de autonomia. Alguns também oscilam entre conexão e autonomia ao alternarem os papéis de medo de compromisso passivo e ativo de acordo com o relacionamento e suas fases específicas, como Roberto e Júlia.

A situação só se torna problemática quando as estratégias de proteção são muito dominantes e, em vez de resolverem o problema, o agravam ou até mesmo o criam. Sobrecarregamos nossos relacionamentos interpessoais com nossas estratégias de proteção, pois elas afetam nosso comportamento. Quando exerço um grande controle sobre meu parceiro por meio de vigilância constante, por exemplo, ele vai ficar estressado e irritado. Ou se busco harmonia o tempo todo e sacrifico meus desejos, a longo prazo não vou me sentir bem e talvez queira terminar o relacionamento para poder finalmente encontrar meu caminho. Muitas pessoas se desgastam com o perfeccionismo e, em casos mais extremos, desenvolvem uma síndrome de burnout. A carência de Júlia por Roberto faz com que ele se afaste dela cada vez mais, enquanto a fuga dele faz com que ela se apegue a ele cada vez mais.

Se quisermos melhorar a qualidade do relacionamento ou encontrar um parceiro adequado, precisamos aprender a lidar com nossas estratégias de proteção. Por isso vamos conhecê-las. Antes, porém, veremos uma breve explicação sobre a relação entre as estratégias de proteção e os traços de personalidade da extroversão e da introversão.

Estratégias de proteção extrovertidas e introvertidas

Acredito que as estratégias de proteção que desenvolvemos também têm forte influência da nossa predisposição genética à introversão ou à extroversão. Trata-se de estilos de personalidade distintos que se correlacionam com inúmeras características pessoais, e a predominância da extroversão ou da introversão é fortemente condicionada pela genética.

As construções psicológicas da extroversão e da introversão foram descritas pela primeira vez pelo famoso médico e psicanalista suíço Carl Gustav Jung. Ele observou que as pessoas extraem energia de duas fontes distintas: do contato com o mundo exterior e do contato com o mundo interior. Correspondentemente, os conceitos de extroversão e introversão são conceitos energéticos. Pessoas extrovertidas recarregam a bateria por meio do contato social, enquanto pessoas introvertidas recarregam a bateria passando algum tempo sozinhas. Esses dois conceitos distintos vêm acompanhados de todo um conjunto de características de personalidade e comportamentos. Algumas características positivas dos extrovertidos são a sociabilidade, a loquacidade, o entusiasmo, a disposição de correr riscos, a espontaneidade e a capacidade de gerenciar conflitos. Já os introvertidos gostam de mergulhar em seus pensamentos e sua complexa vida interior. Algumas de suas características essenciais são a discrição, a capacidade de concentração, a independência, a calma, o pensamento analítico, a forte empatia e a capacidade de ser um bom ouvinte.

Os cérebros de introvertidos e extrovertidos funcionam de modo diferente. O sistema nervoso simpático e o sistema nervoso parassimpático são dois grandes adversários do sistema nervoso autônomo. O sistema nervoso simpático é, digamos, o nervo da atividade, que prepara o corpo para a luta ou a fuga, enquanto o parassimpático é o nervo da calma, que garante que o corpo descanse e recarregue suas forças. O sistema nervoso autônomo trabalha de forma independente e só pode ser influenciado parcialmente por meio da força de vontade. Os extrovertidos são mais fortemente orientados pelo sistema nervoso simpático, e os introvertidos, pelo sistema nervoso parassimpático. Consequentemente, os extrovertidos têm muito mais necessidade de "movimento". Seu cérebro anseia por dopamina, o neurotransmissor do sistema nervoso simpático. Assim, os extrovertidos também têm mais propensão a vícios que os introvertidos, pois boa comida, álcool, sexo, dinheiro e sucesso liberam a tão desejada dopamina. Os extrovertidos precisam de uma grande contribuição do mundo exterior para se sentirem estimulados. A subestimulação os deixa irritados. Eles se entediam depressa quando não há nada acontecendo e não ficam bem sozinhos.

Já o neurotransmissor do sistema nervoso parassimpático é a acetilcolina. Se seu nível estiver muito baixo, o cérebro dos introvertidos sofre de estresse. Introvertidos reagem com irritação quando são submetidos a muitos estímulos, em especial na forma de contatos sociais. Além disso, têm um centro de medo mais sensível: a evitação do medo ou a garantia de segurança os motiva mais que a perspectiva de recompensa.

Condicionados pela dopamina, os extrovertidos tendem a sentir mais euforia e entusiasmo que os introvertidos. Também são mais bem-humorados, em geral. Por outro lado, são mais impulsivos e podem se tornar agressivos quando submetidos a estresse. Outras possíveis características negativas dos extrovertidos são a impaciência, a agressividade, a superficialidade, o egocentrismo e a imprudência.

Quando extrovertidos apresentam um desequilíbrio interno para o lado da conexão, tendem a lutar ativamente por atenção. No sentido positivo, eles fazem isso quando conversam com as pessoas, são sinceros, falam sobre seus problemas e obtêm a simpatia dos outros graças a seu jeito sincero. A autoproteção, que causaria mais estresse que alívio, pode se expressar nos extrovertidos por meio de fortes exigências de atenção e afeto, tal como veremos no caso das pessoas histéricas. Eles tendem a fortes encenações, cobram muito nas conversas, falam muito sobre si mesmos e praticamente não perguntam como está a outra pessoa. Os extrovertidos também podem ser acometidos por certa inquietação na gestão de sua rotina profissional e de lazer como um meio de se distrair de si mesmos. Refugiam-se em várias atividades, de preferência sociais, estando sempre ocupados. No polo da autonomia, sua gestão de conflitos pode levar, em conjunto com a impulsividade, a uma combatividade crônica e desmedida, a qual descreverei quando abordar a estratégia de autoproteção "agressão e ataque". A natureza de guerreiros dos extrovertidos também pode fazer com que lutem demais por um relacionamento ou por outra coisa, demorando a reconhecer que não há mais nada a ser feito.

O introvertido, por sua vez, se não estiver bem ancorado, costuma ter medos exagerados, tende à mesquinhez, à passividade, ao afastamento, ao distanciamento e à inflexibilidade. Correspondentemente, suas estratégias de proteção são muito mais defensivas que as dos extrovertidos. O introvertido se fecha em sua concha ou em sua mente, o que torna seu contato com o mundo exterior cada vez mais frágil. Em termos positivos, a prudência dos introvertidos favorece que encontrem boas soluções para os problemas. Para isso, porém, precisam de um local em que se sintam seguros.

Introvertidos e extrovertidos na relação

Que armadilhas existem no relacionamento entre extrovertidos e introvertidos? Esses dois estilos básicos de personalidade têm uma diferença crucial na maneira de processar as questões internas: introvertidos têm vias neurais mais longas, de modo que sua velocidade de reação é menor que a dos extrovertidos. Quando lhe perguntam algo, o introvertido geralmente examina a si mesmo rapidamente antes de responder – ou seja, ele pensa antes de falar. O extrovertido, por outro lado, consegue falar e pensar ao mesmo tempo, o que faz com que ele mesmo se surpreenda às vezes com o que sai de sua boca – para o bem e para o mal.

Quando a esposa extrovertida chega em casa à noite, por exemplo, e pergunta ao marido introvertido como foi seu dia, ele reflete brevemente, perguntando a si mesmo como foi seu dia. A extrovertida pode interpretar essa relativa demora em responder como relutância e começar a falar ela própria de seu dia, atropelando o pensamento e a fala do marido. Isso pode fazer com que o introvertido pense que o interesse dela não é genuíno e, magoado, não dê continuidade à conversa.

Essa diferença na velocidade de fala e de processamento é fonte de muitos conflitos, especialmente quando se discute o relacionamento. Não raro o extrovertido conduz um monólogo, pois o introvertido é sobrecarregado pela velocidade de reação desejada pelo parceiro, o que pode lhe gerar um bloqueio total e suscitar ainda mais críticas por parte do extrovertido. Nesse caso, é importante que o extrovertido dê tempo para que o introvertido reflita e proponha conversarem, digamos, no dia seguinte.

Os introvertidos, por sua vez, tendem a ver a impulsividade dos extrovertidos de forma muito negativa. Têm medo de discussões acaloradas e acham inaceitável quando o extrovertido se exalta. Têm pouca empatia pela impulsividade dos extrovertidos. Por essa razão, recomendo a todos os introvertidos que não levem a impulsividade do parceiro extrovertido tão a sério e que também lhe deem crédito por ele não ser tão rancoroso, algo que o introvertido com frequência é. Pode-se dizer que, de forma geral, os extrovertidos são mais agressivos, pois brigam e discutem, enquanto os introvertidos vivem sua agressão mais de forma passiva, isolando-se e recolhendo-se em seu mundo interior.

Autoproteção em prol da conexão

Precisamos nos adequar e agradar aos outros para satisfazermos nossa necessidade de conexão – todo mundo faz isso em diferentes medidas. Porém, quando a medida de adequação é grande demais e sacrifica uma parcela significativa da autonomia, a adequação deixa de ser saudável e é considerada uma estratégia de autoproteção.

Muitas das estratégias de proteção são desenvolvidas na infância, como tentativas racionais de resolução dos problemas de relacionamento com os pais. Mas quando elas são inconscientemente levadas para a vida adulta, tornam-se um tipo de programação defeituosa que sobrecarrega nossos relacionamentos adultos. As condições exteriores mudaram: a pessoa adulta não é mais uma criança dependente dos pais. Mas a criança-sombra dentro dela ainda não entendeu isso. Muitas pessoas hiperadequadas não percebem isso, pois a hiperadequação se tornou uma segunda natureza para elas. Em outras palavras, estão completamente identificadas com sua criança-sombra. Essas pessoas permanecem, por exemplo, em relacionamentos infelizes simplesmente por medo de viver sozinhas. Ou orientam suas decisões a partir das expectativas alheias. Seus medos fundamentais são a rejeição e o abandono. Por isso são pessoas muito motivadas a fazer tudo certo e não decepcionar ninguém, sacrificando, para isso, parte de sua autonomia. Quem não pode decepcionar ninguém, afinal, não pode ser livre. Muitas vezes essas pessoas não se separaram realmente dos pais – mesmo quando não têm mais contato nenhum com eles ou quando ambos os pais já faleceram. Elas estão identificadas com sua criança-sombra, ou seja, vivem sob o condicionamento recebido dos pais e perseveram na adequação às expectativas deles ou se rebelam contra elas – o que, no último caso, faz com que se liguem ainda mais intensamente aos pais. Quem sempre faz o contrário do que os outros esperam também não é uma pessoa livre.

Cabe ressaltar que as expectativas dos pais não são necessariamente reais. Existem *expectativas imaginadas*. A criança-sombra de Júlia, por exemplo, tem crenças que acionam sua autoproteção, tais como "Não sou boa o suficiente" e "Serei abandonada". Algumas das estratégias de proteção de Júlia são a obsessão por harmonia, o perfeccionismo e o comer emocional. Quando criança, ela queria agradar aos pais de qualquer maneira para ficar junto deles. Quando eles a deixavam, apesar de todos os esforços da menina, ela se consolava comendo doces. O exemplo de Júlia demonstra que os pais não necessariamente participam de forma ativa na formação de estratégias de proteção dos filhos, isto é, nem sempre eles exigem da criança determinado comportamento. Os pais de Júlia não esperavam que ela fosse sempre boazinha e bem-comportada. Eles a amavam genuinamente e se ausentavam com frequência por motivos profissionais. No entanto, nenhum dos dois se dispôs a sacrificar a carreira para ficar em casa com a filha, portanto o sentimento da menina de não ser tão importante para os pais não estava tão errado assim – pelo menos em princípio. A questão é que, em seu raciocínio infantil, ela atribuiu a si mesma o motivo da ausência dos pais. Foi assim que surgiu sua convicção (a crença) de não ser boa o suficiente e precisar se esforçar ainda mais para agradar aos pais. A interpretação correta teria sido que seus pais eram muito focados na carreira e sacrificaram parte da conexão com a filha pelo sucesso profissional. Mas nenhuma criança é capaz de compreender isso.

Hoje, Júlia é adulta e independente, mas sua criança-sombra ainda luta pelo amor e pela atenção de Roberto com as mesmas estratégias de proteção e acredita que não saberá viver sem ele. A idade psicológica da criança-sombra de Júlia é de aproximadamente 5 anos. A parcela de personalidade da criança-sombra não cresce junto dela, mas permanece em uma etapa infantil de desenvolvimento.

A seguir veremos em detalhes as estratégias de proteção mais utilizadas para a manutenção da conexão. Podemos reconhecer claramente que todas essas estratégias estão fundamentadas no medo da perda. Além delas, há também as estratégias de proteção utilizadas para a preservação da autonomia, que serão apresentadas posteriormente. Pessoas que usam estratégias de proteção autônomas dão a impressão de não valorizarem a conexão, pois enfatizam sua necessidade de distância e liberdade, mas não devemos esquecer que a conexão é a primeira etapa do desenvolvimento e somente a partir dela a autonomia é construída. A maioria das estratégias de proteção autônomas é utilizada em reação a uma ferida de conexão, ou seja, é uma rebelião contra a conexão não obtida. Caso você constate, durante a leitura, que também utiliza majoritariamente estratégias de proteção autônomas, vale a pena refletir sobre a possibilidade de a causa disso ser uma criança-sombra hiperadequada.

Durante a leitura dos parágrafos a seguir, procure identificar quais estratégias você usa com frequência. Anote-as nos pés do desenho da sua criança-sombra.

Idealização

Nossa percepção é a base para todos os nossos sentimentos, pensamentos e ações. Só podemos reagir àquilo que percebemos – mesmo que essa percepção ocorra parcialmente de forma inconsciente. Quando não quero enxergar certas coisas, preciso fechar os olhos, ou seja, preciso reprimir. Se minha criança-sombra anseia por conexão, ela precisa manter seu potencial de conflito com o cuidador primário no menor nível possível. As pessoas hiperadequadas não apenas evitam o conflito como, muitas vezes, nem sequer o enxergam. Isso também explica o fato de elas idealizarem as pessoas mais próximas, mesmo quando estas apresentam fortes defeitos de caráter. Crianças-sombra hiperadequadas costumam reprimir a realidade e geralmente fazem isso não assumindo uma posição e se recusando a dar sua opinião.

Uma cliente minha, por exemplo, se decepcionou imensamente e se sentiu traída pela cunhada, de quem era muito próxima havia anos e que cortou o contato com minha cliente quando ela descobriu ter câncer. Não queria carregar esse fardo. Minha cliente ficou, compreensivelmente, ferida. Um olhar mais atento da situação, entretanto, revelou que a cunhada sempre havia sido uma pessoa difícil e egoísta. Minha cliente nunca havia analisado o comportamento da cunhada de forma crítica. Seu anseio por conexão era enorme, pois vinha de uma família disfuncional. Desejando a todo custo encontrar um ambiente saudável na família do marido, ela reprimiu os fatos que corrompiam a realização desse desejo. Se tivesse aberto os olhos desde o início e feito uma imagem realista da cunhada, ela teria percebido que se tratava de uma mulher egocêntrica e incapaz de criar um verdadeiro vínculo de amizade. Assim, não teria criado expectativas e teria poupado a si mesma essa decepção. Mas minha cliente se iludiu para satisfazer o desejo de conexão de sua criança-sombra.

Pessoas cuja criança-sombra tem um desejo intenso de conexão costumam viver de forma um pouco ingênua. Às vezes, elas mesmas se definem como "boas demais para este mundo". Estão sempre ajudando os outros. E, no fundo, desejam ser amadas e aceitas em virtude disso, como se o afeto viesse como retribuição a sua lealdade e sua dedicação. A estratégia de reflexão "Abra os olhos", que abordarei adiante, pode ajudar essas pessoas a ter um olhar mais realista da vida.

Repressão dos sentimentos

A raiva e a agressão são os maiores inimigos da harmonia. Pessoas muito adequadas aprenderam já na infância que a raiva é um sentimento indesejado ou até mesmo perigoso. Consequentemente, treinaram a si mesmas desde muito cedo a reprimi-la. Mas também há outros sentimentos que são reprimidos – aqueles que poderiam levar a desejos que atrapalham a adequação. Afinal, pessoas hiperadequadas querem fazer o que os outros esperam delas, em detrimento dos próprios desejos.

Pessoas hiperadequadas reclamam de ter pouco acesso aos próprios sentimentos. Costumam ficar inseguras quanto ao que querem e, em virtude disso, têm dificuldade de tomar decisões. Essa insegurança também se manifesta na dúvida sobre o desejo de estar com o parceiro ou sobre ele ser a pessoa certa. Elas não confiam no próprio julgamento, pois ele simplesmente não parece certo. Os julgamentos e as considerações racionais, afinal, também são apoiados por sentimentos no processo de tomada de decisão.

A agressividade reprimida pode se expressar na forma de depressão. Pessoas depressivas geralmente reprimem a agressividade, em especial as mulheres. A maioria das mulheres utiliza a hiperadequação como estratégia de proteção, razão pela qual a depressão até hoje é vista como um problema majoritariamente feminino. As pessoas afetadas por essa condição se sentem vazias, esgotadas, sem valor, apáticas e cansadas de viver. Quando analisamos os sintomas, podemos compreender a depressão como uma forma de resignação, quase uma desistência. A pessoa depressiva fica, em algum momento, completamente exaurida em virtude de seus esforços vãos e incansáveis para se submeter às expectativas do mundo.

A depressão é, pode-se dizer, a estação final dos esforços desmedidos de adequação. Tendo em vista que as pessoas hiperadequadas têm dificuldade de se defender, desenvolvem sentimentos crescentes de desamparo e impotência dentro de si, até atingirem esse anestesiamento da alma. Pessoas que sofrem de depressão relatam não sentir mais nada além de um vazio. Esse vazio as coloca para baixo, a ponto de algumas cogitarem acabar com a própria vida.

No caso de homens e meninos, a depressão tende a se manifestar na forma de agressividade. Isso porque, em virtude de sua criação, eles têm mais dificuldade de aceitar sentimentos fracos, como abatimento, impotência ou tristeza, mas emoções fortes, como a agressividade, são estimuladas. Assim, homens deprimidos ficam irritados, agressivos ou se anestesiam com vícios. Mulheres localizadas no polo da autonomia são minoria e, de acordo com minhas observações, também agem mais de forma agressiva quando estão deprimidas, mas não tenho conhecimento de pesquisas de psicologia que confirmem minha impressão.

Pessoas hiperadequadas estão sempre com as anteninhas ligadas para identificar as expectativas dos outros. É por isso que se engajam emocionalmente mais com os sentimentos alheios do que com os próprios sentimentos. Isso pode chegar ao extremo de perderem o contato consigo mesmas quando há outras pessoas por perto, tanto que frequentemente só se dão conta de que alguém as ofendeu algum tempo depois do ocorrido. Têm um contato melhor com seus sentimentos quando estão sozinhas e sem nenhuma expectativa alheia ao redor.

Pessoas hiperadequadas têm dificuldade de se separar dos sentimentos, desejos e expectativas do parceiro, pois se sentem totalmente responsáveis pelo sucesso do relacionamento. Seu profundo medo da rejeição as leva a sacrificar as próprias necessidades. E a baixa autoestima geralmente inclui suas percepções físicas, de modo que elas costumam extrapolar seus limites. Assim, são muito gordas ou muito magras, praticam atividade física de forma extrema ou não fazem exercício nenhum, tendem à falta de libido. Também privilegiam os desejos do parceiro na esfera sexual. O sexo é vivido mais como um dever a cumprir do que como fonte de prazer.

É claro que o não sentir também está ligado ao medo de sentimentos negativos, e isso é algo que todos temos, mesmo que não sejamos hiperadequados. Todos temos medo de que uma tragédia aconteça. Na verdade, não são tanto os acontecimentos catastróficos em si que nos dão medo e nos paralisam, mas os sentimentos que podem ser desencadeados por tais acontecimentos. Se não sentíssemos medo, tristeza, vergonha ou impotência, reagiríamos com indiferença a acontecimentos ruins, pois seriam insignificantes sem os sentimentos correspondentes. Muitas pessoas treinaram sentir essa indiferença de forma inconsciente ou consciente, para que a vida fosse menos dolorosa. Para consegui-lo, concentram-se na razão, porém com isso perdem boa parte do sentimento de estarem vivas, pois são nossos sentimentos que nos tornam humanos. Sem eles, seríamos mortos por dentro, e isso caracteriza o estado de vazio que tanto afeta as pessoas depressivas.

Caso você reprima seus sentimentos de forma muito intensa, procure direcionar sua atenção para si mesmo. Esse é o primeiro passo da cura. Você deve tentar focar sua atenção interna em suas sensações físicas e emocionais. Durante o dia, pare por alguns momentos e pergunte a si mesmo: "Como estou me sentindo agora e como isso se manifesta em mim?" Você encontrará outras sugestões para melhorar nesse aspecto quando abordarmos as estratégias de reflexão.

Obsessão por harmonia

Pessoas que buscam harmonia a todo custo têm, em geral, uma personalidade pacífica e suave. Sua própria predisposição genética já as leva a se comportar de forma mais ajustada ao outro e a ser introvertidas. Caso tenham tido circunstâncias difíceis na infância que fomentem essa predisposição, a obsessão por harmonia pode se transformar em má gestão de conflitos. Pessoas hiperadequadas têm maior dificuldade de se separar dos desejos e das expectativas dos outros. É por essa razão que dizem sim quando desejam dizer não. Não se sentem seguras o suficiente em seus relacionamentos para sobrecarregá-los com uma discussão. Sua criança-sombra está convencida de que não é boa o suficiente e que, por isso, precisa se esforçar para receber afeto. Pessoas com obsessão por harmonia temem conflitos em potencial em situações que, em regra, não desencadeariam grandes desentendimentos. Seu medo avassalador da rejeição faz com que tenham um cuidado extremo no trato com os outros. Elas pisam em ovos em todas as situações e são muito receosas em suas relações.

As próprias necessidades, porém, não podem ser totalmente negadas, o que gera problemas a longo prazo. Cedo ou tarde, afinal, o parceiro avesso a conflitos sente que deixa a desejar no relacionamento. Tendo em vista que pessoas hiperadequadas em geral não têm coragem de lutar por seus desejos, elas acham que o parceiro simplesmente deveria perceber quais são esses desejos e satisfazê-los. E se sentem ofendidas quando isso não acontece. Afinal, é como elas próprias agem: prevendo os desejos dos outros para atendê-los em tudo. Ou, com muito esforço, dizem algo vago, uma única vez, e se ofendem quando o parceiro não demonstra compreensão e satisfação imediata de seus desejos. Para sua criança-sombra, isso é mais uma confirmação de suas crenças: "Não sou importante"; "Não tenho valor"; "Minha opinião não importa", etc. Sua criança-sombra se sente cronicamente em uma posição inferior. A partir dessa perspectiva, o parceiro (assim como outras pessoas) pode se transformar rapidamente em inimigo. A pessoa projeta no outro uma dominância que ele muitas vezes não exerce ou que resulta da dinâmica do relacionamento: quando um parceiro é muito passivo na tomada de decisões, o outro naturalmente assume o papel ativo.

O problema das pessoas obcecadas por harmonia é que elas não têm coragem de assumir a responsabilidade por suas necessidades. Entregam as rédeas de sua vida aos outros e simplesmente se deixam levar. Deixam a vida meramente acontecer em vez de moldá-la de forma ativa. Sua extrema necessidade de segurança faz com que ajam quase exclusivamente de forma defensiva. Sua escolha profissional também costuma ser determinada por uma forte motivação de segurança ou pelos desejos dos pais. A criança interior dessas pessoas não tem confiança para seguir o próprio caminho, permanecendo dependente dos pais ou do parceiro. Pessoas obcecadas por harmonia permanecem muito tempo em relacionamentos infelizes, provavelmente por puro medo da separação e de viver só. Em muitos casos, elas se esforçam para mudar o parceiro ou o idealizam e ignoram seus defeitos evidentes, culpando a si mesmas por qualquer conflito. Seria muito mais saudável, porém, se lidassem com a própria dependência e desenvolvessem mais capacidades autônomas.

Caso você seja do tipo obcecado por harmonia, tenha consciência de que muitas vezes seria mais justo se seu parceiro soubesse o que você está sentindo e o que você quer. Quando você oculta seus desejos a maior parte do tempo, o outro praticamente não tem chance de se aproximar de você. Não espere que ele saiba ler seus pensamentos. É muito importante assumir a responsabilidade por si mesmo. Lembre-se: você cresceu e hoje é adulto, e seu parceiro não é sua mãe nem seu pai.

Homens bonzinhos

As mulheres tendem a preferir homens que transmitem força. Seja em razão de construções sociais ou por alguma tendência natural, as opiniões divergem, mas o fato é que essa preferência ainda predomina entre as mulheres, ainda que haja, é claro, gostos diversos. Por conta disso, homens hiperadequados não são atraentes para muitas mulheres, pois têm dificuldade para se afirmar e não transmitem segurança.

As capacidades autônomas são tipicamente masculinas – o que não significa que não sejam relevantes também para as mulheres ou que as mulheres não tenham essas capacidades. A questão é que o comportamento de pessoas hiperadequadas corresponde à imagem que a sociedade tem do gênero feminino (seja isso bom ou ruim) e ao oposto do padrão de gênero masculino. Assim, um homem que se relacione com uma mulher hiperadequada pode achar isso maravilhoso, e essa característica provavelmente foi determinante em sua escolha, talvez em virtude de ele ter algum complexo de inferioridade. Já os homens hiperadequados demonstram menos virilidade segundo o padrão social de muitas culturas e são menos atraentes para boa parte das mulheres. Aqui estou me referindo exclusivamente a relacionamentos heterossexuais, pois cabe analisar esse contraste entre os papéis sociais feminino e masculino.

Homens que não se identificaram positivamente na infância com um exemplo masculino costumam reprimir seu lado masculino. Muitas vezes, esses homens tiveram pais muito dominantes ou autoritários, de forma que o filho jurou a si mesmo nunca reproduzir aquele comportamento. Também há casos em que os filhos ficam contra o pai ao testemunharem o sofrimento da mãe com os maus-tratos do marido. O menino aprende de modo inflexível que homens são ruins e ferem as mulheres, o que pode levar a uma hiperidentificação com as características femininas. Além disso, a hiperadequação também pode ser favorecida quando a mãe ou o pai exige um comportamento extremamente bem-comportado do filho pequeno, fazendo com que ele nunca consiga se livrar desse condicionamento ao longo de seu desenvolvimento.

É importante diferenciarmos os conceitos. "Masculino" não deve ser confundido com "inflexível" ou "controlador". Um homem masculino tem plena condição de ter contato com seus sentimentos, inclusive os fracos, e de falar sobre eles. Um homem masculino é perfeitamente capaz de mudar de opinião, fazer concessões e ser afetuoso sem que isso afete em nada sua masculinidade. Essas características estão localizadas no polo da conexão e da adequação e são necessárias para a capacidade de se relacionar de forma saudável. O que torna o homem masculino é ele ter desenvolvido, *além disso*, suas capacidades autônomas, isto é, saber se diferenciar e se impor e ter autoconfiança sexual. Se o equilíbrio interno do homem, entretanto, estiver excessivamente pendendo para o lado da autonomia, ele será teimoso e inflexível, pouco empático e sobretudo egocêntrico. Tais características são típicas de homens que têm medo de compromisso e performam masculinidade de modo artificial. Falarei de ambos mais adiante.

Se você for homem, portanto, pergunte a si mesmo se desenvolveu bem suas capacidades autônomas e, caso descubra que não, tente identificar a razão disso. Ser masculino significa assumir responsabilidade por si próprio e por seus desejos e suas necessidades, sabendo defender a si mesmo, o que não significa que você não saiba também fazer concessões e mudar de opinião. Uma mulher não o abandonará se você lhe disser sua opinião, se a contrariar de vez em quando e se insistir na satisfação de suas próprias necessidades.

Um grande problema dos homens é o medo do mau desempenho sexual. Um cliente meu me disse certa vez: "A penetração é um pesadelo." Isso porque esse é o momento crucial em que o homem precisa se afirmar como homem, pois, ao contrário das mulheres, não tem como fingir. Na verdade, por que tratamos como fracasso quando o homem não consegue ter uma ereção? No caso das mulheres, dizemos que ela simplesmente não está a fim, o que é muito mais ameno. A disfunção erétil, bem como a ejaculação precoce quase sempre se originam no medo de um mau desempenho. Acontecem quando o homem não tem confiança em sua capacidade de satisfazer a mulher ou quando tem medo de não atender às expectativas de performance masculina. O fato de o sexo ainda ser centrado na penetração contribui demais para isso. E um dos frutos disso é o mito do orgasmo vaginal. Quando as mulheres conseguem gozar apenas com penetração, é porque o clitóris também é estimulado. Não existe orgasmo estritamente vaginal, por mais que isso continue sendo afirmado, inclusive por mulheres. Explorar e valorizar todas as possibilidades de prazer na cama não indicariam uma diminuição da potência masculina, mas o contrário, sem contar que isso ainda poderia reduzir a pressão sobre os homens.

O homem pode combater o medo da impotência e do mau desempenho sexual fortalecendo suas capacidades autônomas. Tudo que lhe fornecer mais independência e coragem também fortalecerá sua potência sexual, pois aumentará sua autoconfiança. Essa maior autoconfiança também o ajuda a confiar mais no parceiro ou na parceira. Com isso, ele amplia também sua capacidade de se relacionar, pois quanto mais a pessoa tem a sensação de que consegue se diferenciar de forma saudável, mais facilidade tem também para a conexão, visto que não sente que corre o risco de se perder no relacionamento. O medo da perda, outro motivo frequente para não assumir compromissos sérios, também é diminuído por meio de capacidades autônomas melhoradas, pois a pessoa não se sente mais tão dependente do parceiro e, com isso, consegue suportar melhor a ideia da perda.

Mulheres dependentes

Abordarei agora um problema encontrado com muito mais frequência nas mulheres: a hiperadequação ou o desenvolvimento tão baixo das capacidades autônomas que elas praticamente suportam tudo. Vivem em um relacionamento dependente com uma pessoa que as trata mal e às vezes até as agride. Por que elas não conseguem se libertar dessa relação? Muitas acreditam que os filhos poderão ajudar a manter o relacionamento, sendo que a separação geralmente é preferível à manutenção da união abusiva. Pesquisas sobre divórcio já comprovaram inequivocamente que a separação dos pais é melhor para as crianças que brigas intermináveis, que inclusive podem incluir violência doméstica.

Mulheres (e homens) dependentes têm um ego adulto tão fraco que não conseguem ter opiniões ou tomar decisões sem o parceiro. Sua criança-sombra está convencida de que não merece e não conseguiria nada melhor. Ela se identifica com o agressor, o que significa que internamente se vê com o mesmo desprezo que o parceiro abusivo demonstra, mesmo quando sua parcela adulta reconhece a necessidade de se separar.

Geralmente em virtude da extrema pressão social para que tenham um parceiro, colocando o casamento como a única medida de sucesso feminino, a criança interior dessas mulheres desenvolveu um medo avassalador de ficar sozinha e se agarra às mais ínfimas esperanças de um final feliz. Suas capacidades autônomas pouco desenvolvidas se baseiam na crença internalizada, nelas incutida desde a infância, em que não poderiam viver sem um homem. Como os homens tendem a demonstrar excessiva autonomia e com frequência enviam sinais ambivalentes desde o início da relação, a programação de conexão dessas mulheres é acionada com extrema intensidade. Não raro se trata aqui de uma reencenação de um trauma de infância antigo com o próprio pai ou a própria mãe. Na psicologia falamos também, nesse contexto, de *compulsão por repetição*. Por trás disso está o desejo inconsciente de encontrar um final feliz para a própria história. A pessoa busca, portanto, uma figura paterna ou materna trágica, projetada inconscientemente no parceiro, e espera que dessa vez as coisas terminem bem.

A compulsão por repetição não atinge só mulheres. Homens também podem reencenar sua mãe/seu pai tragicamente com a parceira atual. Em meu trabalho como terapeuta, percebi que, apesar da acepção geral de que a relação com o genitor do gênero oposto influencia em especial o relacionamento da pessoa, pouco importa se foi o pai ou a mãe que a condicionou mais. Não raro vejo, por exemplo, uma mulher repetir a relação com a própria mãe no seu relacionamento, ou um homem repetir a relação com o pai.

Se você quiser terminar um relacionamento infeliz, o primeiro passo é desconstruir a idealização do parceiro. Procure criar uma imagem realista dele ou dela, de preferência com exercícios de escrita. Direcione toda a energia que você vem colocando no seu parceiro para si próprio. A ideia é trabalhar a dissolução de suas projeções e o fortalecimento de sua autonomia. A próxima parte deste livro, Cura, lhe fornecerá grande apoio nesse sentido.

A síndrome do bom samaritano

Quem sofre da chamada síndrome do bom samaritano procura compensar a autoestima ferida com boas ações. Sua crença inconsciente é de que só tem algum valor quando ajuda os outros. Muitas vezes essa crença se mistura com um sentimento de superioridade perante a suposta pessoa necessitada. Caso a intenção seja de fato ajudar pessoas a superar um sofrimento temporário ou participar de uma ação de caridade, essas pessoas realmente podem ser de grande valor em sua comunidade ou em seu círculo de amizades, e é por isso que a síndrome do bonzinho é uma das estratégias de proteção mais socialmente sustentáveis.

No entanto, não raro essas pessoas também têm relacionamentos românticos com pessoas carentes – emocionalmente instáveis, fracassadas profissionalmente, endividadas, dependentes químicos ou que demandam cuidados especiais. O bom samaritano se vê como um salvador no cavalo branco que vem libertar o parceiro de seu grande fardo, tornando-se assim seu herói. Tendo em vista a recusa irrefletida do parceiro necessitado em assumir a responsabilidade por seu sofrimento, é provável que se desenvolva no relacionamento uma dinâmica dolorosa em que a situação de dependência se inverte: em vez de o suposto parceiro mais fraco ser dependente do bom samaritano, este rapidamente se percebe indefeso, pois todos os seus esforços se esgotam. Além disso, o suposto necessitado se recusa a assumir a responsabilidade também pelo relacionamento e, assumindo a posição de recebedor, não se esforça pelo parceiro. Ele deve apenas receber ajuda, de modo que o bom samaritano geralmente não é bem tratado pelo parceiro. Seu desejo de atenção é cronicamente negligenciado. Apesar disso, os bons samaritanos têm muita dificuldade de se libertar da situação, pois sua criança-sombra acredita que o parceiro não conseguiu progredir por sua culpa. Sentem-se malsucedidos em seu papel de herói, pois seus esforços sempre fracassam. Em vez de deixar a arena e aceitar a derrota, os bons samaritanos redobram os esforços, para tentar recuperar o controle da situação. Somente quando eles próprios já não têm mais um pingo de saúde ou um tostão é que conseguem terminar a relação – às vezes, nem mesmo assim.

Caso se identifique com esse perfil e queira mudar sua postura, o primeiro passo é reconhecer que você não pode recuperar sua autoestima no exterior, por meio de boas ações, mas tomando sua criança-sombra insegura pela mão e dissolvendo seus velhos condicionamentos. Explicarei como isso pode ser feito na seção "Cura".

Perfeccionismo

O amplamente disseminado perfeccionismo é uma das estratégias de proteção das pessoas hiperadequadas. Os terríveis medos da perda e do fracasso da criança-sombra a impulsionam a fazer tudo certo, de preferência sem erro algum. Por trás dessa estratégia está o desejo de ser menos vulnerável. A criança-sombra acredita no seguinte: "Se eu não deixar nenhuma margem de ataque, ninguém poderá me ferir e serei aceita."

Pessoas de comportamentos e crenças perfeccionistas passam por cima dos próprios limites, os quais elas nem identificam de fato, pois seu senso de si se perdeu em decorrência da hiperadequação. Isso as torna vítimas fáceis do burnout. O problema dessa estratégia de proteção é que a perfeição não pode ser alcançada, de modo que as pessoas afetadas estão sempre em dívida, tentando consertar as tantas falhas que veem em si. Sua autoavaliação é simplista: imperfeito é ruim. Elas não consideram as gradações (muito bom, bom, regular, suficiente, etc.) ao avaliar o próprio desempenho. Além disso, essa estratégia de proteção garante consolos muito breves à criança-sombra: assim que ela conquista uma vitória, a próxima já precisa ser alcançada.

Perfeccionistas costumam sobrecarregar seus relacionamentos com suas exigências. Não raro o perfeccionismo também acarreta o vício em trabalho, que é usado como fuga do relacionamento. A pessoa que evita a intimidade estabelece desse modo a distância necessária para se sentir segura e protegida.

Pessoas perfeccionistas têm uma criança-sombra muito insegura. Algumas delas não têm sequer consciência disso, de tão bem que reprimem sua criança-sombra com seus sucessos. Se elas estiverem no polo da adequação e buscarem conexão, o perfeccionismo afeta apenas a ela, especialmente porque idealizam o parceiro. Isso significa que também querem fazer tudo certo no relacionamento e querem ser o parceiro ideal. Caso estejam situadas no polo da autonomia, por outro lado, são implacáveis não somente com os próprios defeitos mas também com os do parceiro. No polo da autonomia, mesmo os defeitos mais insignificantes do parceiro podem levar o perfeccionista a perder o interesse. O parceiro precisa contribuir para mostrar ao outro que tem valor. Lembre-se de que muitas pessoas oscilam entre adequação e autonomia de acordo com o relacionamento ou a fase do relacionamento em que se encontram.

Eterna criança e impotência

Pessoas hiperadequadas vivem sempre em terreno instável. Anseiam por um porto seguro na forma de um relacionamento. Sua insegurança remonta à sua autoestima fraturada. A notória repressão das próprias necessidades as impede de identificar com clareza o que desejam e, acima de tudo, quem são. Pessoas hiperadequadas estão sempre em busca de conselhos e reafirmação junto a pessoas aparentemente mais inteligentes e mais fortes e temem assumir a responsabilidade pela própria vida. Não têm confiança em si mesmas para tomar decisões e fazer escolhas. O medo de cometer erros e tomar caminhos ruins as impede de viver plenamente e as leva a buscar segurança em outras pessoas, principalmente o parceiro. Além de o outro, supostamente mais forte e mais capaz, lhes fornecer respostas que elas se julgam incapazes de encontrar sozinhas, se o outro toma uma decisão errada por elas, pelo menos a culpa não foi delas, o que as livra do doloroso remorso que as paralisaria caso tivessem elas próprias tomado a decisão.

O parceiro de pessoas hiperadequadas costuma se sentir sufocado por sua carência. A longo prazo, é cansativo ter que arcar de forma incessante com sua necessidade de reafirmação e de apoio para as decisões mais insignificantes. A dependência do parceiro hiperadequado faz com que o mais autônomo assuma a responsabilidade pelas mais diversas áreas da vida em comum. Só que, em vez de se satisfazer, o parceiro hiperadequado passa a se sentir dominado e subjugado. Essa suposta dominação é, de modo indireto, autoinfligida, mesmo que não de todo. Ela surge por meio da submissão voluntária ao parceiro percebido como mais forte, já que o mais fraco não toma as rédeas da própria vida.

Pessoas que por dentro permanecem eternas crianças costumam ser menos resilientes, isto é, situações pequenas podem desencadear nelas reações extremas. O parceiro é constantemente exortado a cuidar delas, consolá-las e reerguê-las, mas a eterna criança não raro lhe indica que ele não está fazendo o suficiente. A criança-sombra da pessoa hiperadequada que é uma eterna criança costuma estar dominada por crenças como "Sou negligenciado(a)", "Não sou importante" e "Sou inferior", que a convencem de que o parceiro vai deixá-la desamparada. Ela sente que o parceiro nunca faz o suficiente, o que evoca sua criança-sombra, cujo desejo é fugir, o que evidentemente fortalece ainda mais a dinâmica. Esse impulso de fuga é especialmente forte quando o parceiro tido como mais forte tem medo de compromisso ativo.

Na seção "Cura" você verá como soltar a mão do seu parceiro.

Reclamações

As lamentações e a carência excessivas não estão muito distantes da estratégia de proteção da eterna criança. O parceiro visto como dependente corre atrás do parceiro visto como independente. Quanto mais ele o faz, porém, mais sufocado o parceiro independente se sente e mais foge da situação. Já vimos essa dinâmica catastrófica descrita nos contextos de inferioridade e superioridade e do medo da perda.

Se o relacionamento estiver desequilibrado na esfera da intimidade-distância, um dos parceiros busca cada vez mais intimidade enquanto o outro busca cada vez menos, o que faz com que aquele que busca intimidade se sinta cada vez mais inseguro e se desequilibre emocionalmente. Ele sente um medo da perda insuportável que desencadeia um impulso enorme de carência na maioria dos casos e tenta recobrar o controle sobre a situação com todos os meios que lhe estão disponíveis. Sente-se inteiramente dependente, viciado no parceiro. Quanto mais dependente se sente e se torna, mais seguro e independente se sente o outro, que, nessa fase do relacionamento, passa a refletir com frequência se realmente deseja o parceiro e se ele é a pessoa certa. Os parceiros aparentemente autônomos perdem os sentimentos de amor e desejo, o que aumenta cada vez mais o desespero dos dependentes. Porém, em vez de se libertarem, os parceiros profundamente inseguros agravam seus comportamentos e reclamam e exigem ainda mais, demonstrando carência crescente até que o parceiro autônomo, totalmente irritado e desinteressado, termina o relacionamento.

Mas as coisas não precisam tomar esse caminho dramático. Também há casamentos e relacionamentos duradouros que apresentam um problema de intimidade e distância em nível constante. Enquanto um dos protagonistas se entrincheira fazendo uso de várias manobras de distanciamento (se refugiando no trabalho, em hobbies ou em casos extraconjugais), o outro não se cansa de solicitar mais intimidade e afeto. Os papéis podem se alternar dentro do mesmo relacionamento. Também há relacionamentos duradouros nos quais ambos os parceiros estão no modo fuga, ou seja, não têm mais muito contato, e mesmo assim não conseguem se libertar um do outro.

Compras e outros vícios

Quando a criança-sombra anseia por conexão, intimidade e afeto e só os recebe parcialmente, talvez ela busque uma forma substituta de consolo, e alguns dos possíveis tapa-buracos são o álcool, o cigarro e outras substâncias. As drogas cumprem o objetivo de regular as emoções, seja anestesiando os sentimentos negativos ou gerando bons sentimentos. Com frequência, o consumo de drogas e estimulantes vem acompanhado de atividades sociais que servem à necessidade de conexão. O barzinho, por exemplo, pode gerar efeitos simplesmente uterinos de acolhimento. A comida também gera felicidade e a sensação de proteção, sendo muito usada como consolo para desejos de conexão não satisfeitos. Possíveis consequências são o sobrepeso e transtornos alimentares, como bulimia. A anorexia, no entanto, é um distúrbio alimentar situado no polo da autonomia, já que as pessoas estão, inconscientemente, lutando por controle.

Se a pessoa desenvolverá ou não um vício também depende fortemente do ambiente social e das ofertas existentes, afinal, nem todos que sentem um déficit de amor e conexão recorrerão ao vício. Nos anos 1980, por exemplo, o cigarro ainda era respeitável, então a quantidade de pessoas tabagistas era bem maior. Depois das campanhas maciças antifumo dos últimos dez anos, o consumo de cigarros diminuiu drasticamente e cada vez menos jovens começam a fumar. Além disso, algumas pessoas têm maior predisposição genética ao vício. Há pessoas, por exemplo, que metabolizam a nicotina depressa, enquanto outras o fazem lentamente. As últimas têm menor potencial viciante, portanto não começam a fumar ou não desenvolvem dependência, mantendo-se como fumantes ocasionais. Também no caso do alcoolismo, há evidências de que a doença pode ser ao menos em parte determinada geneticamente.

Fazer compras é igualmente um meio popular de afastar a solidão. Quando entramos em uma loja e somos recebidos com simpatia, nos sentimos bem-vindos e aceitos. Além disso, muitas pessoas sentem um aumento da autoestima quando compram coisas bonitas para usar. Fazer compras também é, evidentemente, um meio comprovado de se distrair de si mesmo e das próprias dificuldades.

Se você quiser largar um vício, acredito que há dois aspectos cruciais a trabalhar:

1. Procurar não se identificar com o desejo do vício, mas entrar na perspectiva do observador em relação a esse desejo, como já vimos brevemente. Apresentarei também outras ferramentas de mudança de perspectiva na seção "Pegue-se no flagra e mude" e no exercício "As três posições da percepção" (página 164).
2. Buscar uma visão clara e um sentimento correspondente para o que fazer no lugar do vício. Se você deseja comer melhor, por exemplo, precisa instalar outro estilo de vida na cabeça. Você pode imaginar que é uma pessoa atlética e saudável e se sentir nesse papel. Ou pode imaginar que vive em uma ilha em que só poderia se alimentar de peixes, legumes e frutas. Essa imagem sugere que esse tipo de alimentação também pode ser muito encantador. Trata-se de contrapor a seu sentimento de proteção e conforto ligado aos ultraprocessados outra visão que seja muito atraente e motivadora para você. São os sentimentos que, acima de tudo, nos põem em movimento ou nos bloqueiam, por isso precisamos focar nesse nível, especialmente no caso dos vícios.

Estratégias de proteção históricas

A histeria é um conceito obsoleto na psicologia moderna. Hoje se fala "histriônico", que significa algo como "teatral". Porém, tendo em vista que o termo "histérico" é muito mais conhecido, permito-me continuar a usá-lo.

Fritz Riemann distinguiu as personalidades histérica, depressiva, compulsiva e esquizoide (dissociada) em sua obra clássica *Die Grundformen der Angst* [As formas básicas do medo]. Veremos a seguir o que são esses conceitos e, em seguida, os problemas de relacionamento específicos das personalidades histéricas e depressivas.

Segundo Riemann, todos nós carregamos parcelas dessas estruturas de personalidade dentro de nós, sendo que a maioria das pessoas tende mais fortemente a uma das quatro. Quando há uma expressão forte de uma ou mais dessas características de personalidade, problemas de relacionamentos entram na programação.

O termo histeria deriva da palavra grega *hysterikos*, que significa relativo ao útero. É por isso que o termo foi usado durante muito tempo para se referir apenas a mulheres. Também há homens com comportamentos histéricos no dia a dia, porém eu diria que a forma masculina da histeria é o narcisismo. Essa é uma interpretação pessoal minha e, até onde sei, não é tratada em nenhum livro técnico de psicologia. Abordarei esse tema em mais detalhes na seção "Estratégias de proteção narcisistas".

O que caracteriza pessoas com uma estrutura de personalidade histérica? Quanto ao temperamento, são pessoas naturalmente sociáveis e extrovertidas, o que lhes atribui traços positivos, como bom humor, energia, criatividade e expressividade. Nunca é entediante estar na companhia dessas pessoas. Porém, caso sua parcela histérica seja muito acentuada, elas provavelmente terão problemas de relacionamento. A criança-sombra dessas pessoas carrega em si crenças como "Não sou bom/boa o suficiente", "Não sou importante", "Não sou ouvido(a)", "Ninguém me ama", etc. Seu maior medo é ser negligenciada e ignorada, de modo que ela se protege com estratégias marcadas pela extroversão: se jogam no mundo e lutam por atenção. É o contrário da tendência de pessoas depressivas, por exemplo, que tendem a recuar e se isolar. A histeria pode ser compreendida como um conjunto de estratégias de proteção, todas com o objetivo de garantir atenção, afeto e amor.

Pessoas histéricas se destacam por seu alto grau de loquacidade e suas habilidades interpessoais. Dão muito valor à aparência, tendendo a se vestir de forma elegante e sexy. Homens e mulheres histéricos são, em regra, mestres da sedução. A sedução é, para eles, um meio importante de garantir reconhecimento e afeto. Por isso, tendem a ter uma variedade de parceiros sexuais e a ser infiéis.

Emocionalmente, são pessoas bastante instáveis, com frequentes oscilações de humor. Vivem todos os sentimentos de forma muito intensa.

Em caso de manifestação intensa desse traço de personalidade, oscilam entre a euforia e a tristeza mórbida. Também são mais medrosas que a média e tendem à impulsividade e à agressividade, decorrentes da extroversão. Pode-se dizer que pessoas histéricas são "hiperalegres", o que é parte de seu charme e sua atratividade.

Pessoas histéricas são viciadas em emoção e estímulos. Sua vida precisa ser colorida, diversificada, emocionante e agitada, caso contrário se sentem rapidamente desestimuladas e entediadas. No silêncio, suas crenças e seus medos arraigados da rejeição e do desinteresse alheio se tornam gritantes.

Pessoas histéricas fazem novas amizades com muita rapidez. São muito abertas ao se aproximar dos outros e tendem a falar de assuntos pessoais já na primeira interação. Porém esse arroubo de intimidade espontânea muitas vezes não é seguido de outros momentos de proximidade ou são imprevisíveis, sem que haja a oportunidade de se construir um relacionamento estável, o que costuma gerar decepção no outro. Pessoas histéricas são mestres do momento presente, não do compromisso. Quando estão em um relacionamento amoroso, porém, têm forte medo da perda e do abandono, pois carregam dentro de si um grande anseio pelo amor eterno e pelo comprometimento do outro em relação a elas.

As estratégias histéricas de autoproteção são tentativas de garantir afeto. As pessoas que as utilizam conseguem isso por serem divertidas e sedutoras, mas se seus recursos de autoproteção forem exagerados, tornam-se controladoras, fazem muitas exigências e são extremamente manipuladoras, razões pelas quais muitos parceiros se afastam. Ou então elas mesmas terminam quando o relacionamento cai na rotina e já não há a empolgação da conquista. Histéricos são viciados em se apaixonar e adoram a fase inicial dos relacionamentos. É quando se sentem vivos, pois sua necessidade de validação é satisfeita nessa fase do relacionamento. Eles se veem pelos olhos apaixonados do parceiro e se acham incríveis.

Uma forma tipicamente feminina de configuração histérica de relacionamento é a atitude das mulheres de demandar muito mais atenção do que estão dispostas a dar. Elas não veem isso dessa forma: em virtude de suas crenças, estão convencidas de que estão sendo injustiçadas. Quando tem um dia bom, a "diva exigente" age de modo cem por cento positivo, como se estivesse carregada eletricamente. Em dias ruins, ela transmite uma tensão altamente negativa. Além disso, seu humor pode se inverter depressa. Ela manipula as pessoas para que sejam o mais dóceis possível em relação a ela, invertendo as situações de tal modo que ela sempre parece em desvantagem e merecedora de compensação. As divas, que fique bem claro, são bastante dominadoras, e quando se sentem pouco consideradas ou ofendidas de alguma forma ficam terrivelmente aborrecidas. São capazes de cenas terríveis. Para evitar tais crises, os parceiros estressados pisam em ovos na sua presença e as tratam com cuidado e atenção extremos. Lamentações, súplicas e reclamações estão no repertório das divas. A criança-sombra dessas pessoas exige uma atenção imperial e elas não conseguem admitir que nem tudo gira em torno delas e que não estão atendendo às necessidades do parceiro. Elas dispensam ao parceiro exatamente o tratamento injusto do qual se queixam. Como acontece com frequência, os papéis de agressor e vítima se invertem na sua perspectiva psicológica. Da mesma forma, deveríamos considerar o drama interno dessas pessoas: sua criança-sombra trava uma luta muito desgastante por atenção por ter recebido muito pouca na infância.

Uma variante da manipulação histérica é o adoecimento frequente. A pessoa é acometida por dores variadas e também por doenças sérias, que exigem do parceiro atenção e cuidados. Graças a sua tendência à teatralidade, indisposições menores são dramatizadas e elevadas em intensidade. Em casos extremos, a pessoa pode chegar a involuntariamente provocar acidentes ou simular doenças.

Quando o parceiro não se submete às exigências da diva, o relacionamento costuma oscilar entre brigas de proporções homéricas e apaziguamentos de curta duração. Ou o parceiro recua de forma exasperada em algum momento e termina a relação ou trava uma luta tortuosa pelo controle. No último caso, fica preso no condicionamento da autoestima espelhada, ou seja, sua criança-sombra remete as oscilações de humor temperamental da parceira a si próprio. Ele também acha que as críticas que recebe seriam justificadas de alguma forma. Vale lembrar que as crianças pequenas não têm escolha senão enxergar os pais como corretos e ver a si mesmas como erradas quando são repreendidas ou até mesmo agredidas fisicamente. Muitas pessoas ficam presas nesse condicionamento quando sua criança-sombra está ativa. Assim como a criança-sombra de Júlia acha que precisaria ser melhor para garantir o amor de Roberto, o parceiro de uma diva ou sua criança-sombra acha que cabe a ele domá-la e que conseguiria fazer isso se comportando "melhor". Pessoas histéricas dispõem de um carisma sexual muito acentuado e buscam experiências inebriantes também na esfera da sexualidade, de modo que seus parceiros podem desenvolver certa dependência desse tipo de sensualidade, o que ainda é ampliado pelo fato de a diva geralmente ser quem determina quando eles terão relações ou não. O parceiro tem pouco controle sobre isso, mas a ausência de controle pode ser excitante, como já vimos na seção "O medo da perda excita, a segurança entedia".

Um problema específico que surge na relação com pessoas histéricas é o fato de elas serem praticamente impermeáveis a críticas. Todas as suas estratégias de proteção têm como objetivo evitar o fracasso e a rejeição. Assim, por mais inofensiva que seja, a crítica é interpretada por elas como ofensa imediata e sua reação é raivosa. No entanto, quem não sabe aceitar críticas também não sabe se relacionar, pois impede o parceiro de ajudar a configurar o relacionamento. Ele precisa se submeter às imposições do histérico ou suportar discussões violentas, que não elevam de modo algum a qualidade do relacionamento. A longo prazo, essa dinâmica leva ao estresse e a única saída é a separação.

Mas também há pessoas histéricas do tipo mais amável, muito acolhedoras e especialmente carismáticas, que não exigem seus supostos direitos de forma tão agressiva como as divas, ainda que também tenham grande necessidade de atenção. Desejam demonstrações evidentes de que são amadas e admiradas. Exatamente como as divas exigentes, procuram estabilizar sua autoestima por meio da admiração do parceiro e dos outros. Pessoas histéricas são mestres do bate-papo e da autoexpressão e enfeitiçam o público com seu carisma. O teor de verdade de suas histórias, porém, não é o cerne da questão. Seu lema é: melhor contar mentiras emocionantes do que verdades tediosas. Ouvir não é um de seus pontos fortes. Em seus esforços para atrair atenção, ficam muito centradas em si mesmas para demonstrar real interesse pelos outros – a não ser que sejam terapeutas ou médicas, papel que contribui para reforçar seu valor social.

Como parceiros, os histéricos amáveis podem ser plenamente estáveis, ainda que nem sempre fiéis. Porém também têm oscilações de humor e precisam de alguém que lhes dê muita atenção e muito afeto. Como todos os histéricos, tendem à impulsividade e a acessos de raiva, mas não são rancorosos como a maioria das pessoas impulsivas. Retribuem ao parceiro bem mais que as divas exigentes. Quando o parceiro sabe obter o que quer, ou seja, os trata com atenção e amor e, acima de tudo, não leva a sério seus ataques, pode ter um relacionamento duradouro plenamente afetuoso e vibrante.

Todas as pessoas histéricas imaginam o mundo exatamente da forma que desejam que fosse. Odeiam restrições e acreditam que certas regras valem para os outros, mas não para elas. Têm dificuldade de assumir a responsabilidade por suas ações. Comportam-se como crianças ao acreditarem que não veem as coisas apenas porque *elas* fecham os olhos. É comum que se coloquem em situações problemáticas, pois não estão preparadas para lidar com a realidade. Um cliente meu, por exemplo, passou um ano inteiro sem abrir a correspondência para não ter que lidar com as contas.

O problema das pessoas acentuadamente histéricas é que poucas reconhecem como são. Veem suas exigências e seus sentimentos como corretos e adequados e nem desconfiam de que distorcem a realidade de acordo com seus desejos. Se sofrem, é porque o mundo não as compreende, o parceiro não lhes dá o que merecem, ou seja, tudo menos as próprias escolhas. Para sair da perspectiva de campo, elas precisariam tomar consciência de que estão agindo no modo criança-sombra. O passo mais importante é o autorreconhecimento, que possibilita o distanciamento do padrão histérico já em um metanível. Quanto ao restante, todas as medidas que serão apresentadas na seção "Cura" podem ajudar.

Estratégias de proteção depressivas

Enquanto as pessoas histéricas demandam atenção ativamente, as depressivas o fazem por meios passivos, sendo amáveis e bem-comportadas. Pessoas depressivas tendem a ser hiperadequadas e a se esforçar muito para satisfazer as expectativas alheias. Pode-se dizer que elas demonstram um estilo de *personalidade* depressivo (o que não significa necessariamente que desenvolvam o transtorno da depressão).

Por sua predisposição genética, grande parte das pessoas de estrutura depressiva têm personalidade naturalmente pacífica e harmônica, que pode levar à hiperadequação dependendo da criação que a pessoa tiver. Alguns dos traços positivos desse tipo de personalidade são a capacidade de acolhimento e o pacifismo. São pessoas que estão dispostas a dar e sacrificar muito para serem amadas. Têm uma capacidade excepcional de compreensão e, pelo olhar, praticamente leem os desejos do parceiro. Seu maior anseio é a supressão da barreira entre o eu e o você. Desejam a fusão. Uma pessoa emocionalmente saudável que seja apenas levemente depressiva dispõe de uma grande capacidade de amar e também está disposta a ficar ao lado do parceiro nos momentos mais difíceis, pois seu equilíbrio interno pende para o polo da conexão e da adequação. Tem medo da autorrealização e da autonomia. Sua criança-sombra está convencida de que não está de fato pronta para viver como adulta e que não consegue caminhar com as próprias pernas. Assim, ela prefere se apoiar no parceiro e viver a vida dele. A independência a assusta.

Vale lembrar que pessoas hiperadequadas reprimem seus desejos e sentimentos para funcionar da forma mais perfeita possível. Vontade própria, metas claras, perseverança (capacidades autônomas) ficam pelo caminho. É por isso que os hiperadequados desenvolvem pouco suporte interno. Consequentemente, precisam buscá-lo no mundo externo, em especial na relação com o parceiro ou com os pais.

É natural que crianças que se hiperadequam às expectativas dos pais tenham grande dificuldade de se separar deles, pois, para isso, seria necessário justamente aquilo que não aprenderam, isto é, ser independente. A independência pressupõe vontade própria, da qual necessitamos para tomar decisões livres. Pessoas de estrutura depressiva se apoiam fortemente no parceiro com sua carência e esperam que ele as conduza pela vida. Por terem pouca sensibilidade para as próprias necessidades e um medo exagerado de cometer erros, também delegam suas decisões aos pais. Têm dificuldade de assumir a responsabilidade por si próprias, o que as leva a exercer o papel de vítimas. Por serem tão dependentes dos parceiros, têm um medo enorme da perda, o que pode sufocar o parceiro, em especial quando esse medo se expressa em ciúme desmedido. Nesse caso, seu apego carente pode fazer com que o parceiro perca o carinho e o respeito pela pessoa e se distancie, e isso só intensifica os impulsos carentes dela.

Parceiros de pessoas de estrutura depressiva não raro restringem as próprias necessidades e a própria liberdade em prol de maior disponibilidade para a pessoa depressiva. Além disso, a forte conexão da pessoa depressiva com os pais frequentemente sobrecarrega o relacionamento amoroso. A criança-sombra depressiva tende a permanecer em uma relação dependente da família e seus esforços para satisfazer as expectativas dos pais se mantêm na vida adulta. Essa dinâmica se complica ainda mais quando os pais se tornam dependentes de cuidados. Conheço muitas pessoas depressivas que se sacrificam pelos pais, exercendo cuidados prolongados e exaustivos, sendo que muitas vezes poderiam encontrar alternativas (pressionar os familiares por maior participação, contratar assistência de um cuidador, etc.). Uma cliente minha, além de trabalhar fora e ter duas filhas, cozinhava e limpava todo dia a casa dos pais idosos, pois o pai se negava a contratar ajuda apesar de ter uma boa condição financeira. A cliente não conseguia se separar do pai e deixar a responsabilidade pela solução desse problema a cargo dele. Somente quando ela teve síndrome de burnout e começou a fazer terapia comigo foi que conseguiu devolver a responsabilidade da vida dos pais a eles próprios e reduzir os cuidados para uma dimensão saudável.

Outro problema no relacionamento com pessoas de estrutura depressiva é sua pouca autenticidade, resultante do contato frágil com os próprios sentimentos e necessidades, bem como de sua aversão a conflitos. Enquanto, por um lado, exigem muito que o parceiro atenda suas necessidades de conexão, por outro, defendem muito pouco a própria vontade. Isso acontece sobretudo por não saberem exatamente o que querem. É muito mais comum saberem o que não querem, mas, em vez de se expressarem, esperam que o parceiro adivinhe seus desejos, já que não têm essa capacidade de percepção. Quando o parceiro não consegue retribuir à altura, o depressivo é tomado por um sentimento de ser insuficiente no relacionamento. Culpa o parceiro e às vezes reclama e fica irritado, mas tem uma enorme dificuldade de declarar suas preocupações e seus desejos de forma adequada e adulta. Pode ser que com o tempo a raiva se acumule, mas mesmo essa raiva é formulada de forma insinuada, de modo que o parceiro dificilmente a enxerga. Em geral, os parceiros não têm noção de quão insatisfeito o depressivo está com a relação. Sempre me choco com a divergência entre a avaliação da qualidade do relacionamento do depressivo e de seu parceiro: enquanto o depressivo já está planejando o término, o parceiro ainda acha que está tudo bem, pois, apesar de o depressivo se afastar cada vez mais emocionalmente, continua agindo da mesma forma. Nessa fase do relacionamento, algumas pessoas de estrutura depressiva se tornam abertas para casos extraconjugais ou para conhecer outras pessoas. Buscam assim o afeto e a atenção de que, a seu ver, o parceiro está lhes privando com plena consciência. Em geral, elas só concretizam o término da relação depois de encontrar uma pessoa nova, pois têm muita dificuldade de ficar sozinhas. O parceiro é pego totalmente de surpresa quando o depressivo informa que quer terminar ou quando descobre que ele tem outra pessoa.

Para curar a criança-sombra depressiva, é indispensável que as capacidades autônomas sejam fortalecidas. Mais adiante abordarei como isso é possível.

Até agora, você aprendeu muitas estratégias de proteção que estão no polo da conexão. Você se reconheceu nelas? Caso isso ainda não tenha acontecido, anote agora as estratégias que você usa com frequência na área dos pés do desenho da sua criança-sombra (veja o modelo no verso da capa do livro).

As próximas seções abordarão as estratégias de proteção localizadas mais no polo da autonomia. Também pode ser que você se reconheça aqui – mesmo que se reconheça acima de tudo como um tipo de conexão. Anote também essas estratégias junto aos pés do modelo da sua criança-sombra.

Autoproteção em prol da autonomia

Pessoas cuja criança-sombra se protege majoritariamente por meio de estratégias autônomas decidiram, de modo inconsciente, que estar sozinho é a opção mais segura. Se as crianças-sombra adequadas confiam demais nos outros, as autônomas tendem a ser desconfiadas. Enquanto as hiperadequadas idealizam, as autônomas suspeitam. Precisam de uma distância segura do parceiro – ou mesmo de todo mundo.

Uma cliente minha que se encaixa nesse perfil afirmou certa vez: "É preciso manter uma distância segura dos outros para vê-los melhor." Um estudo muito emocionante revelou que bebês de apenas 6 semanas já assumem a responsabilidade por serem aceitos pela mãe. As mães que participaram desse estudo tinham um forte distúrbio de conexão e viviam com seus bebês em um projeto social monitorado. Foram feitos registros em vídeo das interações entre cada mãe e sua criança e os pesquisadores perceberam, na análise das imagens, que os bebês riam quando a mãe olhava para eles e que assumiam uma expressão neutra quando a mãe desviava o olhar. A partir daí se concluiu que os bebês sentiam, em um nível totalmente intuitivo, que precisavam manter o bom humor da mãe para sobreviver. Pôde-se constatar também que os bebês traumatizados mantinham o corpo todo rígido quando eram carregados no colo. Eles carregam a si mesmos, de certa forma, pois sentem muito pouco suporte por parte da mãe e não têm confiança em que serão carregados. Quando uma criança aprende já nos primeiros 2 anos de vida a se adequar fortemente às necessidades dos pais, ela não desenvolve a confiança fundamental necessária para ser como é e para se sentir amada incondicionalmente, sabendo que será cuidada. Com uma base tão insegura, não se pode desenvolver uma autonomia saudável. De acordo com a intensidade e a gravidade das experiências vividas, ou a criança fica presa na dependência dos pais e, posteriormente, de outras pessoas próximas ou decide inconscientemente evitar a dependência pelo resto da vida e não deixar mais ninguém se aproximar a ponto de ter o poder de machucá-la.

No entanto, as pessoas também podem desenvolver um forte traço de autonomia sob condições muito menos dramáticas. O mero fato de um dos pais ou ambos exigirem muitas regras ou serem superprotetores já basta. Historicamente, são as mães que têm maior dificuldade de se separar dos filhos. Os filhos de pais superprotetores se sentem intensamente amados, porém estar em casa é "sufocante". Crianças-sombra autônomas também podem ser denominadas rebeldes. Elas guardam muita rebeldia dentro de si e se rebelam contra qualquer forma de restrição e limitação de liberdade. Reagem de forma especialmente intensa a expectativas e demandas do parceiro – mesmo quando são totalmente adequadas –, pois as confundem inconscientemente com as demandas e expectativas dos pais.

Quem luta por autonomia sente, em geral, mais medo de cobrança e dominação do que da perda. Ainda assim, o medo da perda também tem um papel importante inconscientemente, pois o medo da perda de si mesmo surge da hiperadequação, e a hiperadequação serve à conexão. Assim como as crianças-sombra desesperadas por conexão, crianças-sombra rebeldes também sentem que devem se curvar ao parceiro. O que difere é o efeito que isso desencadeia nelas. Podem surgir fortes esforços por autonomia pelo mero medo da perda. Antes de ser abandonado, é preferível abandonar a si mesmo, pois assim ao menos se tem controle da situação.

As estratégias de proteção autônomas têm como objetivo garantir distância e controle em relação ao outro, para evitar a sensação de impotência, inferioridade e vergonha. O medo da perda e do fracasso motiva as pessoas afetadas a manter o máximo de independência possível. No polo da conexão, esses mesmos medos motivam as pessoas a buscar o máximo de proximidade. Em essência, busca-se segurança, apenas de modos diferentes: seja na conexão, seja na autonomia.

Desconfiança e depreciação

Crianças-sombra rebeldes têm muita dificuldade de confiar nos outros e enxergam a todos, inclusive o parceiro, com suspeita. Têm medo de serem cobradas e controladas e administram esse medo assegurando-se de que estejam de posse do controle e do poder. Para isso, precisam de uma distância crítica do outro.

A alta desconfiança das crianças-sombra rebeldes as protege de decepções, pois as pessoas afetadas acreditam que serão abandonadas em algum momento, mas impede a construção de uma conexão genuína. Essa certeza do abandono não é sentida de maneira consciente. O que alcança as pessoas é o temor de que seus sentimentos pelo parceiro não sejam suficientes. Muitas pessoas autônomas reclamam que sempre acabam se desinteressando e terminando o relacionamento. Esse desinteresse é somente a ponta do iceberg. A perda do afeto pertence à programação de distanciamento, que é acionada quando um relacionamento se torna sério. Vale lembrar novamente que sempre projetamos nossa autoimagem na mente dos outros, e é por isso que uma pessoa que se valoriza tão pouco não espera que o parceiro sinta algo diferente – a não ser que ela só lhe mostre seus melhores aspectos. É justamente esse esforço para ser o menos autêntico possível que desencadeia nos autônomos o sentimento de que relações sérias são difíceis e sufocantes, razão pela qual eles só concebem a real liberdade estando sozinhos. Ou eles são tão hiperadequados que já nem mais sentem os próprios limites e mantêm essa máscara durante a vida toda. Outros sucumbem em algum momento e sofrem de depressão por exaustão ou síndrome de burnout.

Além da desconfiança generalizada, a desvalorização crítica do parceiro também contribui para o distanciamento e, com isso, para se alcançar liberdade pessoal e superioridade. A depreciação e a exacerbação dos defeitos alheios são, como vimos, técnicas de distanciamento usuais. Tais processos, entretanto, geralmente ocorrem de forma automática e inconsciente. Poucas pessoas têm consciência de que seu distanciamento costuma ser desencadeado por uma pequena ofensa da autoestima ou pelo medo da perda. É comum que haja também traços narcisistas ocultos por trás da desvalorização do parceiro. Narcisistas têm o medo constante de serem feridos e acabarem em uma posição inferior e de impotência, como acontecia na sua infância. A criança-sombra do narcisista jurou a si mesma que nunca mais seria humilhada e envergonhada da forma que foi pelos pais. Como vingança irrefletida, agora ela humilha outras pessoas, em especial o parceiro, como modo de afastar os próprios sentimentos de inferioridade.

Veremos futuramente como se livrar de sua programação de distanciamento.

Perda do sentimento amoroso e do desejo sexual

Essa é uma reação frequente à sensação de que há um excesso de conexão e de cobrança no relacionamento. Como a pessoa afetada tem dificuldade de estabelecer limites saudáveis interna e externamente, o parceiro se transforma, pouco a pouco, em inimigo aos seus olhos. A sensação de estar sendo cobrada e controlada pode aniquilar seus sentimentos.

Busca de poder e competição

Confiança é bom, mas controle é melhor – essa é a crença das crianças-sombra rebeldes. Elas querem evitar a todo custo que alguém obtenha demasiados poder e controle sobre elas, por isso se esforçam para exercê-los. Ficam de olho no parceiro e nas outras pessoas e querem estar sempre cientes de seus planos. Em casos extremos, isso pode escalar para o ciúme doentio. Mas mesmo nos casos mais leves os relacionamentos sucumbem à necessidade elevada de controle por parte de um dos envolvidos.

A criança-sombra dos controladores está tentando se proteger do caos de si própria. Ela se vê como muito exposta e vulnerável, por mais que tenha isolado esses sentimentos atrás de um denso muro. Os controladores não tentam controlar somente seu entorno, mas também a si mesmos. Nutrem a esperança inconsciente de superar a vulnerabilidade com ordem meticulosa, perfeccionismo e uma rotina rígida. Em casos extremos, isso pode levar a comportamentos compulsivos de limpeza e verificações, por exemplo.

Quando controladores impõem a si mesmos uma disciplina compulsiva, há uma grande interseção com o perfeccionismo: cada caloria é contada, as roupas e a casa precisam estar sempre impecáveis, todas as atividades e os horários devem ser seguidos a ferro e fogo.

O controle é o irmão mais novo do poder. Tal como a criança-sombra hiperadequada projeta nos outros sua tentativa de agradar a todo custo, a criança-sombra rebelde projeta nos outros sua dominância e seu sentimento de superioridade. Assim, reage com revolta à suposta tentativa de controle alheio. Pessoas com estratégias de proteção autônomas exercem resistência ativa ou passiva e se defendem de qualquer intromissão exterior ou supostos ataques à sua pessoa. O problema é que elas tendem a matar pardais com tiros de canhão. Isso é um efeito da perspectiva da criança-sombra: desse ângulo, elas são pequenas enquanto o outro é grande, o que gera distorções de percepção. Um comentário inofensivo ou um pequeno esquecimento do outro são logo interpretados erroneamente como agressão ou desrespeito. O respeito, aliás, é um dos valores mais caros a pessoas apegadas ao poder. Sua criança-sombra não obteve um tratamento respeitoso dos pais, razão pela qual tais pessoas carregam uma profunda ferida dentro de si. A crítica, a falta de atenção ou o voluntarismo do outro podem arder como sal na ferida.

Enquanto escrevo estas linhas, me lembro do bom e velho machão, um modelo de homem que felizmente está entrando gradualmente em extinção, pelo menos na Europa. O machão celebra e encena o poder, exercido em especial sobre as mulheres, e essa postura é passada às gerações seguintes. Assim, o pai já era um machão, ou, para formular de modo mais elegante, um patriarca. Os filhos sofrem com o pai autoritário, que lhes mostra uma pseudoforça mas não lhes ensina a lidar com sentimentos como medo, tristeza, vergonha e impotência. Esses sentimentos fracos são bloqueados no menino, restando um receptáculo de poder que só consegue deixar entrar sentimentos fortes, como raiva e agressividade, além de alegria. Para manter sua força, o machão precisa oprimir a parceira (e outras pessoas, em geral mulheres), pois só consegue se ver a partir da posição de superior. Seu pensamento se limita à dicotomia superioridade *versus* inferioridade. Em seu mundo, não existe relação romântica em que ambos estejam em pé de igualdade. Quem quiser se relacionar com o machão precisa se submeter ou optar pelo distanciamento interno, isto é, viver outra vida às escondidas. Mulheres que passam a vida ao lado de um machão não raro driblam as regras do marido levando uma vida paralela de forma oculta, já que o embate direto e a autodeterminação levariam a situação a escalar. Para quem se relaciona com um machão, a única chance de recuperar a liberdade é a separação, a não ser nos raros casos em que ele consiga perceber sua estrutura e promover mudanças internas.

A inversão dos papéis de agressor e vítima se mostra de modo especialmente evidente no caso das pessoas obcecadas pelo poder: antes subjugadas, elas se tornam as opressoras e submetem o outro ao sentimento de impotência que elas tanto repelem.

Fuga e evitação

Uma das estratégias de proteção mais disseminadas e também totalmente razoáveis é a da fuga e evitação. Cabe lembrar mais uma vez que todas as estratégias de proteção podem representar tentativas adequadas de resolução de um problema. De acordo com a avaliação que fizermos das nossas possibilidades na situação, ou encaramos o conflito ou o evitamos. Uma estratégia de proteção só se torna um problema quando, em vez de resolver algo, acaba por gerar um problema ou agravá-lo – pelo menos a longo prazo. Um exemplo clássico desse círculo vicioso é o trato dos medos, que se potencializam quando evitamos repetidamente as situações que tememos.

Pessoas com o traço de autonomia muito acentuado apresentam barreiras internas permeáveis. No contato com os outros, têm dificuldade de sentir a si mesmas, pois desde crianças se obrigam a atender às expectativas alheias. Assim que entram em contato com um "portador de expectativas" em potencial, sua programação é acionada para se adequar a ele. Perdem-se no contato com os outros, em especial em relacionamentos românticos, por isso preferem se isolar, pois somente assim percebem os próprios desejos e necessidades e se permitem atendê-los. É quando estão sozinhas que têm o melhor contato possível com seus desejos e sentimentos. Além do isolamento, a fuga nas atividades também é uma estratégia de proteção usada por tais pessoas para se protegerem de muita intimidade na relação. Mergulhar no trabalho, em hobbies, em redes sociais, videogames ou outros relacionamentos permite que se afastem das demandas do parceiro. A fuga, porém, serve não somente para resguardar a pessoa do acesso do parceiro mas também para distraí-la de si mesma e de suas necessidades internas. Muitas pessoas cuja criança-sombra está estressada ou até mesmo desesperada não conseguem sentar quietas, pois suas inseguranças e seus medos gritam no silêncio. Tais pessoas irritam seu entorno com sua inquietação e sua agitação constantes. A distração pode ser, sim, um meio saudável para lidar com os problemas, mas quando ela aumenta os problemas em vez de solucioná-los, chegou o momento de encará-los. A evitação sinaliza ao cérebro o tempo todo que não temos nenhuma chance de resolver o problema. E quanto mais evitamos algo, mais profundamente essa mensagem se grava no cérebro. As manobras de evasão e o medo se tornam cada vez mais intensos. Quando encaramos um problema e encontramos uma solução, por outro lado, ficamos muito felizes e orgulhosos de nós mesmos. Na próxima vez, a mesma situação nos provocará menos medo. E mesmo que o problema não se solucione por completo ou que ainda leve algum tempo, nos sentimos mais fortes por encará-lo.

Já abordei a dissociação (ou o reflexo do morto-vivo, em termos informais). Trata-se de uma forma específica de fuga, a fuga interna. As pessoas que se utilizam dessa estratégia de proteção geralmente adquirem essa habilidade ainda crianças, em face da impossibilidade de fuga física. Aprendem a desligar os sentimentos e a cortar o contato consigo mesmas.

Pessoas que se sentem muito rapidamente sufocadas pela intimidade com o parceiro tendem a ter essa reação. Normalmente o parceiro sente que o outro não está presente por inteiro. Com isso, sentimentos muito dolorosos de abandono se instauram nele – um abandono profundo que a criança-sombra do dissociado vivenciou ainda em tenra idade. Pode-se reconhecer aqui de forma muito clara como sentimentos desgastantes combatidos por alguém se deslocam de forma quase inevitavelmente para o outro.

Agressão e ataque

A agressão e o ataque são os meios essenciais para a defesa da vida e do território desde os primórdios da humanidade. São a resposta típica a uma transgressão dos limites pessoais, servindo à preservação da espécie e de si mesmo. A concorrência por espaço vital e por recursos são motivadores poderosos. A vida comum em uma companhia amigável (conexão) ou em um confronto não amigável (autonomia) são experiências básicas da vida humana.

O problema é como definimos violação dos limites e agressão em nossa vida mais ou menos civilizada do século XXI. Crianças-sombra rebeldes podem se sentir invadidas pela mera presença do parceiro no mesmo cômodo ou por um telefonema. Sentem-se pressionadas muito rapidamente pelas demandas que lhes são feitas (por mais justificadas que sejam), fugindo ou atacando, de acordo com o temperamento da pessoa. Muitas também alternam entre as distintas estratégias de proteção. A agressão é uma resposta ao medo da criança-sombra. Ataques, ofensas e discussões súbitas mantêm o parceiro a certa distância, o que é necessário, pois ele representa uma ameaça com seus desejos e suas demandas por intimidade. Ou a pessoa sofre do medo da perda e quer dominar o parceiro para manter sob controle seus eventuais esforços por autonomia. Homens e mulheres dominantes tentam controlar os parceiros por meio de agressão, ataque e busca do poder para permanecerem incólumes.

A agressão, porém, também pode resultar de frustração ou ofensa. É assim que crianças-sombra obcecadas por harmonia e hiperadequadas podem se tornar más se o parceiro negar constantemente seus desejos de intimidade e compromisso. Podem se tornar tão frustradas e magoadas que em algum momento a dor supera seu medo do conflito. A consequência são choro, cenas e acusações ao parceiro. Quero lembrar que, no caso de parceiros com medo de compromisso de forma passiva, ocorre uma perda de controle significativa. É por isso que eles lutam para retomar o controle e, com isso, sua autonomia.

Isolamento e recusa de diálogo

Afastar-se, enrolar, atrasar-se e sabotar são variantes típicas da agressão passiva ou, conforme o caso, agressão de diferenciação. Quando as pessoas afetadas se sentem feridas, mesmo que infimamente, ou sobrecarregadas pelas expectativas do parceiro, fecham as portas interna e externamente. O parceiro, desesperado, pode fazer monólogos, explicar, analisar, lutar, espernear, chorar – e vai dar de cara com uma parede de silêncio ou com respostas monossilábicas. Ou o parceiro isolado faz promessas e jura que vai melhorar, mas nada muda, ou implementa as mudanças de forma tão lenta que o parceiro impotente simplesmente se esgota. Em seu livro *Wie Partnerschaft gelingt – Spielregeln der Liebe* [Como ter relacionamentos bem-sucedidos – As regras do amor], Hans Jellouschek diferencia a *agressão de afirmação* da *agressão de diferenciação*. A primeira tem um objetivo específico: "Mantenha as coisas organizadas uma vez na vida!", enquanto a segunda tem como meta defender nossos limites: "Não se meta na minha vida!" Podemos dizer também que a agressão de afirmação é ativa, enquanto a agressão de diferenciação é passiva. Não raro os papéis são distribuídos de modo unilateral, de forma que um parceiro constantemente demande algo que o outro recusa. Júlia, por exemplo, pede mais intimidade e compromisso por parte de Roberto, que se nega a fazê-lo. Roberto, portanto, guarda dentro de si muita agressão de diferenciação, enquanto Júlia traz a agressão de afirmação. Mas Júlia faz demandas tão intensas apenas porque Roberto se mantém distante por meio de sua diferenciação. Visto de fora, pode parecer que Roberto seria o mais calmo e equilibrado dos dois, e Júlia, a Xântipe, digamos assim. Mas, assim como no caso da Xântipe real, que era casada com Sócrates, as demandas de Júlia são perfeitamente adequadas e ganham contornos agressivos apenas porque Roberto se nega a atendê-las. Nesse boicote passivo, há pelo menos a mesma quantidade de energia agressiva que no ataque ativo. Xântipe, que precisava cuidar da casa e das crianças, também tinha motivos para ficar irritada por Sócrates viver em praças batendo papo em vez de lavar uma louça.

Pessoas passivo-agressivas não podiam expressar sua raiva de forma livre quando crianças. Seus pais não sabiam reagir a seus sentimentos de raiva de forma adequada. Com frequência, os pais eram também tão inibidos em sua agressão e avessos a conflitos que eram um mau exemplo para as crianças. Há famílias em que qualquer conflito em potencial é sistematicamente varrido para debaixo do tapete. A raiva acumulada, porém, não se deixa reprimir para sempre e encontra seu caminho de libertação na forma passiva. Os passivo-agressivos trazem consigo um grande estoque de rebeldia e raiva acumuladas. Sua aversão a conflitos faz com que se adequem excessivamente às expectativas do parceiro e dos outros, reprimindo as próprias necessidades. Por isso ficam com um pouco de raiva de si mesmos, mas sobretudo do outro supostamente dominante, o qual é castigado com uma postura passiva de bloqueio. Paradoxalmente, o passivo-agressivo aparentemente adequado impede a cooperação e a continuidade da convivência. Porém ele costuma, como Roberto, se colocar como vítima e afirma se submeter demais aos desejos do parceiro, o que justificaria, a seu ver, seus atos de sabotagem.

Temos aqui mais uma impressionante distorção da realidade da criança-sombra. O passivo-agressivo não expressa seus desejos por um medo difuso da rejeição e diz sim apesar de querer dizer não. Ele não vê o parceiro como alguém à altura dele, mas como um opositor poderoso. Na maioria dos casos, trata-se da projeção do pai dominante no parceiro. Ele recusa os pedidos do parceiro como uma criança rebelde, para conservar sua autonomia. A criança-sombra não quer obedecer e com frequência faz o contrário do que é esperado dela ou não faz nada e simplesmente segue seu caminho com teimosia. Mais uma vez, são projetados no parceiro os sentimentos que a criança-sombra rebelde não deseja sentir: impotência e desamparo.

O cafajeste passivo-agressivo é o protótipo desse tipo, e aqui se trata realmente de um fenômeno mais masculino que feminino, pois as mulheres têm melhores condições de falar sobre seus sentimentos e necessidades em virtude de sua socialização. O cafajeste apresenta um medo notório e irrefletido de ser dominado por uma mulher aparentemente superior, razão pela qual costuma se fechar e somente fazer o que deseja. "Me deixe em paz" configura a motivação central, quando não única, de todos os seus desejos no relacionamento.

Uma variante da agressão passiva é a falta de desejo sexual e a recusa. Tendo em vista que as pessoas afetadas têm a sensação crônica de precisarem satisfazer as expectativas do parceiro, elas se sentem rapidamente obrigadas a ter relações. Isso naturalmente mata a atração sexual. A criança-sombra rebelde dessas pessoas pensa: "Pelo menos meu corpo me pertence, você não vai tê-lo também!" Com frequência também há por trás disso medos sexuais de fracassar.

Racionalização

Outras estratégias para manter os próprios sentimentos e os do parceiro afastados são a intelectualização e a racionalização. A declaração "Não posso ter um relacionamento com você por questões políticas" seria um exemplo desse posicionamento. Como no caso de todas as estratégias de proteção autônomas, são mais homens que mulheres que fazem uso dessa estratégia de proteção. Pessoas que trabalham com a razão frequentemente ou quase exclusivamente têm um contato mais precário com os próprios sentimentos. Em consequência, têm dificuldade de tomar decisões nas questões amorosas. Algumas ficam presas em discussões teóricas sobre o conceito de amor e seu propósito em vez de simplesmente viverem um relacionamento. Essa intelectualização costuma desaguar em discussões tensas com o parceiro, que não consegue nem entender o que o outro realmente quis dizer. As pessoas afetadas também gostam de terminar relacionamentos por motivos "puramente objetivos". Constatam, por exemplo, que a relação não pode funcionar a longo prazo em virtude da diferença de idade, apesar de já estarem juntos há alguns anos e a diferença de idade permanecer a mesma. O parceiro arranca os cabelos, sem entender por que a pessoa "racional" quer terminar em função de fatos que não são nenhuma novidade.

Por trás da fachada de uma forte racionalidade se esconde o medo da perda e do fracasso. Com frequência, porém, essas pessoas têm sua vulnerabilidade tão sob controle que nem a sentem mais. Como muitos homens têm dificuldade de lidar com sentimentos fracos (tristeza, desamparo, medo e vergonha), recorrem à agressividade, como já vimos. Também é comum que se refugiem na suposta racionalidade. Essa racionalidade pode levar a soluções adequadas em temas técnicos, mas não nas questões amorosas. Fugir dos sentimentos também é um dos motivos que levam os homens a sugerir soluções rápidas quando as mulheres lhes contam um problema pessoal. Se eles quisessem ter empatia, precisariam ter contato com os próprios sentimentos, como já vimos. Mas, como preferem evitar a tristeza e o medo, tentam mudar de assunto depressa, e assim a mulher se sente incompreendida e ignorada. O medo dos sentimentos fracos também parece ser uma razão para os homens tenderem a ter mais dificuldade de refletir sobre si mesmos em comparação com as mulheres. Muitos homens preferem se ocupar com assuntos técnicos que com sua condição emocional. Ou aparentemente lidam com as emoções, mas na verdade o fazem a seu modo intelectual-teórico habitual, sem entrarem em contato com seus sentimentos verdadeiros.

Alguns deles, porém, desejam conseguir sentir mais e simplesmente não sabem como. Eu recomendo que procurem parar em alguns momentos do dia e sintam internamente a área da barriga e do peito, formulando a seguinte pergunta: "O que estou sentindo agora?" Caso consigam detectar um leve sentimento, eles não devem reprimi-lo como de costume, mas lhe dar espaço, de forma consciente. Muitas vezes ajuda simplesmente prestar mais atenção nos sentimentos em vez de reprimi-los de forma automática. Sugiro usar um relógio, um anel ou uma pulseira como lembrete para que esse pequeno exercício de atenção plena não seja esquecido no dia a dia, podendo-se sempre fazer uma pausa interior toda vez que o olhar recair sobre tal objeto.

Estratégias de proteção narcisistas

Segundo a lenda grega, o belo jovem Narciso se apaixonou por si mesmo quando viu seu reflexo em um lago de águas paradas. Ele sofreu um autoamor insaciável pelo resto da vida. Um narcisista é, segundo tal lógica, uma pessoa que percebe a si mesma como excepcional e muito importante de forma autoapaixonada. Na verdade, a sensação de grandeza e perfeição é meramente uma estratégia de proteção desenvolvida para poupar sua criança-sombra ferida. Enquanto a histeria, segundo minhas observações, é mais frequente em mulheres, mais homens são afetados pelo narcisismo. A histeria e o narcisismo, entretanto, têm grandes interseções em suas manifestações. Em ambos os casos, as pessoas desejam receber o máximo de reconhecimento. Sua criança-sombra demonstra um medo exagerado de rejeição, crítica e vergonha.

Pessoas que desenvolvem uma personalidade narcisista aprenderam cedo a reprimir sua criança-sombra, que se sente sem valor e miserável, por meio da criação de um segundo eu ideal. Esse *eu ideal* é construído pelo narcisista quando ele faz tudo para se destacar da média. Narcisistas se esforçam absurdamente para serem especiais, pois sua criança-sombra sente o oposto. Para mantê-la sob controle, eles se esforçam para alcançar desempenhos excepcionais, poder, beleza, sucesso e reconhecimento. O narcisismo, porém, consiste em um conjunto de diversas estratégias de proteção. Uma delas, infelizmente, é a depreciação dos outros. É por isso que os narcisistas têm uma sensibilidade excepcional para os defeitos do outro, que eles gostam de verbalizar na forma de crítica corrosiva. Os narcisistas não toleram os próprios defeitos, por isso não toleram também os de seus pares. Ao focarem os defeitos alheios, eles se distraem dos próprios. Com sua crítica, desencadeiam nos outros justamente aqueles sentimentos que não desejam sentir: uma insegurança e uma inferioridade profundas. O princípio da perversão entre agressor e vítima se torna especialmente claro no caso dos narcisistas.

Alguns narcisistas, porém, elegem justamente a estratégia oposta para se valorizarem: idealizam as pessoas mais próximas deles. Nesse caso, por exemplo, se gabam de ter um parceiro incrível, filhos excepcionais e amigos importantes. Muitos praticam tanto a idealização quanto a desvalorização. Não raro um novo conhecido ou um novo amor é idealizado inicialmente, depois depreciado e descartado.

Independentemente de estarem mais para o lado da idealização ou da desvalorização, gostam de se vangloriar de suas capacidades, seus bens e realizações. Isso, porém, não precisa ser feito com toda a pompa. Também há *narcisistas discretos*, não raro intelectuais, que expõem sua superioridade e sua excepcionalidade de forma elegante.

Os narcisistas, porém, também têm seu lado amável. Eles podem ser excepcionalmente charmosos, amorosos e interessantes. Costumam ser pessoas extremamente carismáticas. Seus esforços para ter sucesso fazem com que alcancem status, prestígio e bons cargos. Seus esforços para ser alguém especial também costumam gerar frutos. E isso atrai outros narcisistas, bem como pessoas com estrutura independente. Quando dois narcisistas se unem em um relacionamento, este costuma se caracterizar por uma montanha-russa de paixão e feridas mútuas. Se o parceiro do narcisista, porém, for de natureza independente, geralmente ele atura os ataques verbais do narcisista sem muita resistência e se esforça muito para satisfazer suas expectativas. Isso se torna uma profecia para o fracasso, pois, por mais "bem-comportado" que o parceiro seja, seu comportamento não muda em nada a distorção de percepção do narcisista. Essa percepção distorcida consiste na ampla diminuição dos próprios defeitos em combinação com uma percepção aumentada dos pequenos defeitos aparentes do parceiro. Quando o narcisista entra nesse estado de percepção, ele foca seu olhar, por exemplo, no nariz levemente comprido da parceira, enquanto os pontos fortes dela desaparecem. Esse suposto defeito deixa o narcisista com muita raiva, pois a parceira deve servir para sua valorização. Ela precisa ser perfeita como ele.

Nenhum parceiro tem chance diante do zoom dos defeitos do narcisista. Os parceiros dependentes, entretanto, acham que conseguiriam satisfazer o narcisista caso fossem melhores e mais bonitos. Isso é uma ilusão típica da criança-sombra, que não se apresenta com uma estrutura narcisista acentuada somente nos relacionamentos. Muitas pessoas tendem a se deixar deprimir por qualquer crítica – por mais injusta e pontual que seja. Em virtude de seus condicionamentos, elas sempre têm o sentimento de que a culpa é delas e de que não são boas o suficiente. Esse também é o caso quando o adulto interior da pessoa afetada já reconheceu há muito tempo que o parceiro é um narcisista e que sua constante desvalorização dele não é sua culpa. A criança-sombra não alcança tal reconhecimento e permanece presa em seus sentimentos de inferioridade, que são reforçados pela crítica do narcisista. Para se curar, a criança-sombra deseja obter o reconhecimento do narcisista a todo custo e continua se esforçando para agradar a ele. O narcisista, porém, permanece como é. O dependente se sente inútil e impotente, o que aumenta seu sentimento de dependência. Um círculo vicioso.

A ambição extrema e o desejo de poder transformam os narcisistas acentuados em colegas e superiores impopulares. É sua grande suscetibilidade para se sentirem ofendidos que dificulta o trato com eles. Para os de fora, é difícil entender como os narcisistas podem se sentir ofendidos com questões tão inofensivas, já que eles dão a impressão de não serem nada sensíveis e de terem a autoestima inabalável. A criança-sombra insegura e magoada deles, em vez de se retrair e ficar triste quando é ofendida, fica com raiva muito rapidamente. A raiva e o rancor são algumas das principais emoções das pessoas narcisistas. Elas, porém, também podem sucumbir a estados extremamente depressivos quando suas estratégias de sucesso fracassam ou elas vivenciam uma derrota pessoal. Sua criança-sombra entra em profundo desespero nesses casos, pois sente sua insuficiência e sua maldade em toda a sua glória. Para proteger a criança-sombra, o adulto se esforçará para ser novamente bem-sucedido por meio de suas antigas estratégias. Às vezes, porém, a pressão por desempenho é tão grande que ele não consegue lidar com isso. No cenário positivo, ele aprende a aceitar e consolar a criança-sombra de forma que ela se sinta compreendida e valorizada sem precisar ter um desempenho excepcional.

O narcisismo é, aliás, uma estratégia de autoproteção que todos nós utilizamos – para que possamos rotular alguém como "um narcisista", o fator-chave é a medida. Em doses baixas, todos nós queremos sair bem na foto e às vezes impressionar os outros para nos sentirmos melhor. Também gostamos de nos gabar um pouco, e não há ninguém que consiga se libertar totalmente do desejo de prestígio. Nosso olhar também pode focar os defeitos alheios, e sentimos vergonha quando nosso parceiro nos "envergonha". Tentamos evitar sentir nossa criança-sombra e esconder nossos defeitos. Consequentemente, reagimos de forma ofendida à rejeição e à crítica.

De modo similar às pessoas de estrutura histérica, os narcisistas têm dificuldade de reconhecer a própria estrutura. Quando conseguem fazê-lo, entretanto, podem encontrar uma saída dessa programação. Trata-se de aceitar os próprios defeitos e consolar a pobre criança-sombra – nesse caso, a pessoa não precisa mais da constante reafirmação exterior e, consequentemente, não precisa mais desvalorizar os outros.

Estratégias de proteção compulsivas

Pessoas com um estilo de personalidade compulsivo buscam o máximo de controle possível. Querem controlar tudo e todos. Quando crianças, tiveram o desenvolvimento de sua autonomia comprometido por normas e regras muito rígidas estabelecidas pelos pais. Tais normas se internalizaram tão profundamente em sua criança-sombra que se tornaram suas próprias concepções de certo e errado e de bom e ruim. Sua criança-sombra está tomada por sentimentos de inferioridade, sentimentos esses que devem ser reprimidos por meio de ações compulsivas.

A compulsão é o oposto da histeria. Se o compulsivo unifica o máximo de regras e leis em si, o histérico odeia todos os limites e as leis que o sufocam, esforçando-se para contorná-los e revogá-los o máximo possível.

Pessoas compulsivas tendem ao pedantismo, à austeridade e ao cumprimento radical de regras. Têm pouca confiança em si mesmas e em seus relacionamentos. Para fins de autoproteção, localizam-se no polo da autonomia segundo o lema de que só podem contar consigo mesmas. Acreditam também que se todos seguissem suas regras, tudo daria certo. Um dos maiores preços a serem pagos por essa estratégia de proteção é a repressão rígida das próprias necessidades. Nada pode acontecer de forma espontânea e com base em sentimentos. Não se pode simplesmente aproveitar a vida. Cada ação está submetida a estruturas e rotinas rígidas. Tendo em vista que os compulsivos agem conforme o plano de forma tão exata, eles muitas vezes não sabem o que realmente desejam. Por trás da compulsão se escondem medos profundos do fracasso e da perda no plano emocional. São esses medos que o compulsivo deseja manter sob controle por meio de regras rígidas.

A compulsão é, portanto, uma forma ativa de ter controle sobre a própria vida – e também sobre os outros. O compulsivo coage a si mesmo e os outros. Ele precisa de poder, tornando-se rapidamente impopular, pois os outros não gostam de ser comandados. Sentem-se desvalorizados pelo compulsivo.

Em geral, as normas são mais importantes para o compulsivo que seus relacionamentos pessoais. Se o parceiro não estiver disposto a seguir as normas e regras do compulsivo, o relacionamento chegará ao fim – pelo menos enquanto não se esteja casado, pois o casamento é um contrato vinculante que não deve ser rescindido. O contrato com os próprios filhos também pode ser rompido caso estes se comportem de forma "indecente" aos olhos do compulsivo. Segundo Rainer Sachse, um famoso estudioso da personalidade, a pessoa compulsiva tem essa postura por temer que lhe mostrem quão leve e tranquila a vida pode ser. Ela não quer se submeter à tentação, e é por isso que precisa ajustar seu entorno às suas regras. Essa regulamentação egoísta, porém, se esconde por trás de proclamações morais por um mundo melhor. Aqueles que não seguirem as regras do compulsivo serão desvalorizados e taxados de imorais, antissociais e ervas daninhas da sociedade.

Por outro lado, a compulsão pode ser interpretada como a tentativa de agir corretamente e manter tradições. Pessoas emocionalmente saudáveis e de manifestações compulsivas leves são os guardiões da ordem – os cuidadores dos costumes e da moral. Fazem tudo com precisão, e podemos contar inteiramente com elas. São pessoas leais e pacientes nos relacionamentos mesmo quando não lhes fazem bem. Seu medo da incerteza e do novo também contribui para isso, pois o conhecido é sua maior fonte de segurança.

Por terem exigências extremamente altas no tocante ao cumprimento de regras e deveres, as pessoas compulsivas hesitam em ter um relacionamento sério. Especialmente antes do casamento, levantam fortes dúvidas sobre se vale a pena e se o parceiro é adequado. Sentem uma resistência muito grande em relação ao casamento em si, apesar de ele corresponder aos seus valores tradicionais. Sua resistência é alimentada pela ideia de ser uma união indissolúvel. Os compulsivos acreditam, acima de tudo, que as pessoas não devem se separar em hipótese alguma. Quanto mais pronunciados forem os traços compulsivos, mais o relacionamento ou o casamento serão formalizados. O casamento é visto praticamente como um contrato eterno com obrigações recíprocas. Tendo em vista que as pessoas compulsivas dedicaram toda a sua vida ao dever, elas podem passar a odiar o parceiro, ao qual precisam se agarrar inevitavelmente, cada vez mais. Podem ocorrer formas sádicas de relacionamento nas quais o compulsivo busca torturar o parceiro, ao qual ele se sente acorrentado.

O amor é uma ameaça para as pessoas compulsivas, em especial na sua forma perigosa de paixão e apaixonamento – ambos são o oposto de planejamento e estrutura, o que é profundamente perturbador para o compulsivo. Consequentemente, as pessoas compulsivas tentam manter seus sentimentos sob controle. Para piorar a situação, tais pessoas também não conhecem seus sentimentos muito bem em virtude do treino de repressão que fizeram a vida toda. Tanto os próprios sentimentos quanto os alheios lhes despertam suspeitas. O compulsivo é capaz de detonar situações românticas com um único golpe por meio de um comentário técnico completamente fora de contexto. De forma geral, ele é muito econômico em suas demonstrações de afeto em um relacionamento.

O pensamento compulsivo se guia pelas hierarquias. Acima e abaixo, superior e inferior, poder e impotência, ganhar e perder – essas são as categorias nas quais o compulsivo transita. Visto que vivenciou muito desamparo quando criança, a criança-sombra dele jurou a si mesma nunca mais se colocar em situações de impotência e inferioridade, como aconteceu com os pais. É por isso que o compulsivo trava muitas lutas por poder nos relacionamentos, pois precisa levar a melhor a todo custo. Na verdade, resta ao parceiro escolher entre se submeter às regras do compulsivo e se separar. Em seus esforços intensos para não acabar em uma situação de inferioridade, o compulsivo acusa o parceiro justamente de ser inferior. É muito difícil conversar com ele sobre o relacionamento, pois seu medo da inferioridade e da aniquilação o domina e faz com que ele aja de forma mandona e dominante. A condescendência também pode ser bastante irritante em pessoas que apresentam somente traços compulsivos leves.

Outro problema no relacionamento com pessoas compulsivas é a falta de espontaneidade e de entusiasmo genuíno. Seus parceiros frequentemente desejam mais intimidade e tempo juntos. O compulsivo consegue acolher a demanda, mas para isso elabora um planejamento minucioso. Ele pode decidir, por exemplo, que vai sair para jantar com a namorada todas as sextas-feiras. Ele então se apega a essa programação de forma rígida, como faz com todas as outras coisas, causando na namorada a sensação de que se trata de uma obrigação. O compulsivo então reage com muita irritação às críticas dela, pois, em sua visão, correspondeu integralmente aos desejos da parceira. Justamente por organizar tudo segundo regras, lhe faltam empatia e flexibilidade emocional. Ele tem dificuldade de ter empatia pelas necessidades do parceiro, pois para isso precisaria ter um contato mais aprofundado com suas próprias necessidades. Enquanto a pessoa depressiva, portanto, tem empatia de mais em virtude de seu desejo exagerado de conexão, o compulsivo tem de menos. Ele constantemente se esforça pela diferenciação e pela afirmação dos próprios interesses.

Um desafio especial no relacionamento com compulsivos é sua relação com o dinheiro. São pessoas excepcionalmente gananciosas. Uma nova aquisição há muito necessária pode desencadear uma tragédia. A estratégia de proteção do apego e da preservação se manifesta também em sua economia exagerada. Muitas discussões no relacionamento se inflamam nos temas financeiros. O parceiro também pode achar a intransigência do compulsivo insuportável.

Pessoas que apresentam traços compulsivos leves são capazes de ter um relacionamento saudável e são parceiros muito confiáveis, porém têm uma grande necessidade de regulação e planejamento e não gostam de deixar nada ao acaso. Elas também têm um controle rígido sobre seus gastos e são bastante avarentas. Muitas tendem à condescendência. O parceiro pode confiar muito nelas, mas também precisa lhes dar muito espaço de planejamento, pois mesmo pessoas com traços compulsivos leves gostam de determinar a direção das coisas.

Se o compulsivo quiser relaxar e se soltar, precisa fazer exatamente aquilo que lhe dá mais medo: abrir mão do controle e confiar nas circunstâncias e nas pessoas. A criança-sombra de compulsivos precisa desenvolver mais capacidades de conexão e mais autoconfiança. Veremos como fazer isso nas seções "Fortaleça seu ego adulto" e "Estratégias de reflexão em prol da conexão".

Estratégias de proteção esquizoides

O termo "esquizoide" significa dividido e denota pessoas que separam os sentimentos dos pensamentos. É um estilo de personalidade oposto ao depressivo. Não tem nada a ver com esquizofrênico, são apenas palavras parecidas. Enquanto o depressivo busca segurança no relacionamento sério, pois a individualização e a autorrealização o assustam, o esquizoide tem medo da conexão, pois sua única segurança está em ficar sozinho. Pessoas esquizoides apresentam, consequentemente, um traço muito pronunciado de manutenção de certa distância de segurança dos outros.

Em geral, pessoas com estrutura esquizoide tiveram uma infância marcada pelo desamparo. Rejeição, abuso ou maus-tratos estiveram muito presentes em seus primeiros anos de vida. Adiciona-se a predisposição genética de pessoas com predisposição para a alta racionalidade. Esquizoides rechaçam muito afeto. Se o pai ou a mãe não perceber os sinais e lhes der mais carinho do que a criança deseja, esse excesso de intimidade também pode levar ao desenvolvimento de estratégias de proteção esquizoides por parte da criança.

Para compreender essas estratégias, precisamos nos colocar na situação do bebê e da criança pequena. Nos primeiros dois anos de vida, a pessoa dispõe de pouquíssimas capacidades autônomas. Se ela for abusada ou invadida por um excesso de proximidade segundo seus padrões individuais, seus dispositivos de autoproteção são se retirar para dentro de si mesma e suspender os sentimentos. Essa é a essência da autoproteção esquizoide.

Os pontos positivos de pessoas de estrutura esquizoide são a mente afiada e o pensamento independente. Costumam ser visionárias e transformadoras da sociedade. Contribuem para isso, por um lado, suas habilidades intelectuais e, por outro, sua baixa dependência do julgamento dos outros. Ficam bem sozinhas e precisam de pouco contato e de pouca aprovação externa. Por separarem amplamente seus sentimentos, também têm nervos de aço, por isso são excelentes em profissões que demandam serenidade e até certa frieza. Há mais homens esquizoides que mulheres, já que a maioria dos homens se localiza no polo da autonomia.

O problema das pessoas esquizoides é sua baixa capacidade de conexão. Não conseguem confiar nos outros e se entregar a alguém especial. Sua criança-sombra é insegura e muito frágil em suas capacidades de diferenciação, daí a necessidade de se proteger com barreiras rígidas. A distância que estabelecem em relação aos outros faz com que tenham considerável dificuldade de ter empatia e de avaliar o que estão sentindo. São pessoas desajeitadas no contato com os outros, sem traquejo social. Duvidam da própria percepção e chegam a pensar que estão imaginando coisas. Quando alguém sorri para elas, por exemplo, ficam na dúvida se é simpatia ou deboche. Essa lacuna no contato se amplia com o passar dos anos, fazendo com que as pessoas de estrutura esquizoide frequentemente sofram de grande solidão com o avanço da idade. Alguns esquizoides compensam o déficit social, porém, com um dom excepcional de observação, que pode ser facilmente confundido com forte empatia.

Os esquizoides costumam deixar a impressão de serem frios e inacessíveis, mas alguns são extremamente gentis e dedicados. Para compreendermos como funciona essa aparente dualidade, precisamos entender que eles operam em um modo funcional no contato interpessoal. Compensam sua profunda insegurança com um comportamento que desenvolveram especificamente para a esfera social. É essa fachada geralmente elegante que gera grande surpresa nos outros quando descobrem que na verdade os esquizoides são totalmente indiferentes a eles. Como têm consciência de sua fachada, muitos esquizoides vivem sob o medo constante de "serem desmascarados". Um paciente me explicou certa vez que, como sentia desde criança que era diferente dos outros, copiava o comportamento das outras crianças: "Quando elas riam, eu também ria. Quando podíamos levar uma lembrancinha em uma festa de aniversário, eu pegava, apesar de não querer nenhuma." Até hoje esse paciente é afetado por esse temor difuso de ser desmascarado.

Os esquizoides prefeririam sair de casa com um manto de invisibilidade. Sentem-se mais à vontade nos lugares em que ninguém os conhece e ninguém lhes impõe expectativas. São solitários, isolados. Suas maiores motivações são a autonomia e a liberdade, um desejo fundamental sintetizado na expressão "Só quero ser deixado em paz". Em virtude de sua vida emocional pouco desenvolvida, enfrentam pouco estresse psicológico. Seu estado de espírito geral é marcado pela indiferença e eles não são muito apegados à vida. Percebem-se mais como curiosos contemplativos, observando a vida sem participarem dela. A meu ver, há um número desproporcional de esquizoides entre os escritores. A combinação de um dom de observação acurado com uma baixa participação ativa na vida pode gerar grandes talentos de escrita. Não raro essa configuração os leva a criar no papel uma vida substituta para si.

O impressionante é que geralmente não percebemos sua falta de conexão no contato superficial que temos com eles. Um cliente meu, por exemplo, é fisicamente ativo, engajado politicamente, tem talentos artísticos e gosta da vida social. Participa de discussões, tem um bom círculo de amigos e vários envolvimentos românticos. Quem o vê de fora nem imagina que por trás disso tudo existe uma profunda dualidade interna e que ele não deixa ninguém se aproximar de fato. Por outro lado, há muitos esquizoides que exibem comportamentos peculiares no ambiente em que vivem.

Os maiores problemas das pessoas esquizoides estão, é claro, no contato íntimo. Elas suportam intimidade e proximidade apenas por breves períodos. Algumas até conseguem se apaixonar, mas em geral não conseguem manter esse sentimento. Seu amor apresenta grandes "zonas mortas" e costuma se extinguir completamente após a fase inicial do apaixonamento. A maior chance de o sentimento se inflamar existe quando o esquizoide pode estabelecer uma distância física do parceiro por um período maior. A proximidade ameaça pessoas de estrutura esquizoide, pois elas perdem rapidamente seus limites do ego. Por causa de suas experiências de infância traumáticas, registraram a ideia do relacionamento como algo que precisamos suportar mas que não podemos construir juntos. Só conseguem conceber o amor como estar à mercê das circunstâncias e em situação de dependência. Sua criança-sombra se sente indefesa e impotente, razão pela qual costuma reagir com agressão à intimidade. Duras rejeições, comentários frios e rupturas abruptas restabelecem a distância após momentos de intimidade. Outra forma de distanciamento esquizoide é a *dissociação*. O esquizoide fica, de certa forma, off-line e se retira internamente. Mesmo quando ele mantém o contato, parece estar "desligado". É uma maneira de fugir internamente, como fazia na infância. A dissociação gera um sentimento doloroso de solidão nos parceiros de pessoas esquizoides, que em geral se sentem muito solitários no relacionamento, sendo submetidos à solidão da qual o esquizoide quer se proteger desesperadamente.

Alguns esquizoides nem ao menos iniciam um relacionamento, permanecendo solteiros e satisfazendo o desejo sexual com profissionais. Também pode ocorrer de se casarem com o propósito de obter camuflagem social para se livrar do rótulo de esquisitão. Nesse caso, o casamento é moldado de acordo com as leis do esquizoide: é ele quem determina quando o parceiro pode ou não estar perto. Em regra, os sentimentos do esquizoide, que já não eram muito intensos na fase de apaixonamento (coisa que o parceiro nem sempre percebe), desaparecem por completo assim que a relação se torna séria. E não somente os sentimentos mas também o desejo sexual estagna – pelo menos em relação ao parceiro. Alguns esquizoides continuam tendo relações com o parceiro, mas passam a percebê-lo como mero objeto sexual, mais uma manobra de separar sentimentos e sexualidade. Tendo em vista que praticamente não têm sentimentos de conexão com os parceiros, é quase certo que os esquizoides tenham casos extraconjugais, e com a consciência praticamente limpa. Alguns, porém, são fiéis por uma questão de princípios.

Você pode estar se perguntando por que pessoas de estrutura esquizoide se relacionam. E a resposta é: porque o desejo de conexão como motivação humana existencial não pode ser de todo exterminado. Os esquizoides podem carregar um anseio por amor e afeto, especialmente quando solteiros. A proximidade do outro é sentida como ameaça, mas, nesses casos, estar sozinho é uma opção ainda pior. O ideal, para eles, é quando o parceiro faz poucas demandas por afeto. Com esse distanciamento, eles conseguem enxergar o parceiro como uma fonte de afeto pela qual são plenamente gratos. Os parceiros precisam, portanto, ser muito independentes e pouco exigentes para se relacionarem bem com os esquizoides. Precisam lhes dar amor sem fazer exigências, o que, naturalmente, ninguém é capaz de fazer de modo saudável.

Os relacionamentos também podem assumir contornos bastante sádicos quando o esquizoide expressa suas dúvidas profundas na forma de ódio e vingança. Nesse caso, o afeto e o carinho do parceiro são distorcidos e desvalorizados. Se a pessoa, digamos, demonstra seu amor espontaneamente, o esquizoide resmunga algo como: "Isso é consciência pesada? Por que está assim todo meloso?" Ou o esquizoide mina o afeto do parceiro por meio de cinismo e deboche. No momento de afeto mais íntimo, ataca o parceiro justamente onde ele é mais vulnerável: "Não me olhe dessa forma submissa!" Com essa maneira agressiva de afastar o outro, é impossível manter um parceiro de forma duradoura, a não ser que ele tenha fortes questões emocionais que o levem a sentir que deve tolerar tudo, seja por extremo medo da perda, por sentimento de culpa ou mesmo por sentir prazer na humilhação.

Se uma pessoa de estrutura esquizoide desejar se tornar mais capaz de amar, precisa tomar sua criança-sombra traumatizada pela mão e tranquilizá-la repetidamente, lembrando-lhe que ela hoje é adulta e sabe se defender e, acima de tudo, está segura. As seções "Fortaleça seu ego adulto" e "Estratégias de reflexão em prol da conexão" explicam como fazer isso.

Agora você já leu muito sobre possíveis estratégias de proteção localizadas no polo da autonomia. Você se reconheceu em alguma descrição? Escreva nos pés do desenho da criança-sombra as estratégias de proteção autônomas que você costuma usar.

CAPÍTULO 24

CONFLITOS TÍPICOS EM TORNO DO TEMA PARENTALIDADE

Muitos de nossos conflitos têm relação com a criança-sombra e suas crenças ou estratégias de defesa. Às vezes, porém, um relacionamento simplesmente sai do equilíbrio por circunstâncias da vida – por exemplo, quando o casal tem um filho. Mesmo assim, vale a pena refletir e encontrar a raiz do conflito. Explicarei isso à luz de um segundo exemplo fictício.

Janine e Dênis são casados e têm dois filhos, de 4 e 5 anos. A maior parte do trabalho doméstico fica a cargo de Janine, que se ressente de Dênis por isso. Assim, quando Dênis lhe pergunta algo como "Amor, você viu meus óculos?", ela às vezes responde com impaciência. Esses pequenos conflitos têm sido cada vez mais frequentes nos últimos tempos. A conversa se torna crescentemente tensa.

Se quisessem mudar isso, Dênis e Janine precisariam conversar calmamente e analisar o que realmente está acontecendo ali. Assim, eles descobririam que sua relação saiu do equilíbrio desde que as crianças nasceram: Janine assume o papel de provedora e cuidadora enquanto Dênis se envolve pouco na vida doméstica. Janine sente que carrega responsabilidades em excesso e que Dênis está fortemente no negativo. A pergunta aparentemente banal sobre os óculos atinge em cheio a ferida de Janine. Já basta ela estar presente o tempo todo para as crianças; ela não quer ter que cuidar também de Dênis. Mas ele se sente ofendido por Janine ser ríspida com ele o tempo todo e por causa de coisas tão pequenas. Caso tivessem consciência do tema fundamental do conflito, eles poderiam encontrar uma solução.

Apresentarei a seguir alguns temas típicos de conflito entre casais com filhos.

Perda da igualdade nos papéis

Quando Janine e Dênis se conheceram, cada um tinha seu apartamento próprio, sua carreira e um salário razoável, suficiente para se sustentar. Eles amavam sua independência. Quando se encontravam, a rotina era deixada de lado e eram momentos de grande felicidade. Após um ano, foram morar juntos, e após um ano morando juntos, oficializaram a união. Logo em seguida veio o primeiro filho, e, pouco depois, o segundo. Eles decidiram conjuntamente que Janine ficaria em casa nos primeiros anos e que Dênis sustentaria a família. Dênis é gerente de um grande banco e ganha bem, apesar de precisar fazer muitas horas extras. Quando chega em casa, ele deseja ter seu momento de descanso. Janine assume praticamente todos os afazeres da casa, que incluem cozinhar uma refeição deliciosa para Dênis toda noite. Não passa pela cabeça de Dênis nem ao menos ajudar na arrumação da cozinha após o jantar. Ele geralmente vê televisão, bebe uma taça de vinho e vai dormir cedo. Janine é praticamente a única pessoa de referência para as crianças, que sentem que o pai não está realmente disponível para elas. Aos sábados e domingos eles fazem programas em família, mas isso só enfatiza o fato de Dênis ser um pai de fim de semana. Dênis está progredindo na carreira, enquanto Janine se sente cada vez mais dependente financeiramente. Sua autoestima sofre, pois ela tem a sensação de que, por ser dependente, não é mais atraente para o marido. Ele tem pouco desejo sexual e ela acredita que ele sente saudades da antiga Janine, sem avental de cozinha. Ela já falou com Dênis algumas vezes sobre como se sente e lhe deu sugestões para resolver a situação com uma divisão de papéis mais justa. Nessas conversas, Dênis se mostra ora compreensivo, ora na defensiva – e muda seu comportamento, no máximo, a curto prazo.

Visto da perspectiva da autonomia e da conexão, o equilíbrio entre

Dênis e Janine se desfez, de forma que ele representa o lado da autonomia praticamente sozinho enquanto Janine se sente dependente e presa na conexão. Quando eles ainda não tinham filhos, ambos podiam realizar tanto o lado da conexão quanto o da autonomia dentro de si.

Uma recaída em velhos papéis também pode acontecer quando casais se tornam pais. Os exemplos que obtemos de nossos pais nos deixam marcas profundas. Mesmo quando nos propomos a fazer as coisas de forma diferente, reconhecemos (geralmente com espanto) quão similares são nossos comportamentos e que somos, na melhor das hipóteses, uma versão 2.0 de nossos pais. Se não quisermos cair nessa armadilha, precisamos nos tornar conscientes de nossos condicionamentos. Esse é o primeiro passo. Somente assim podemos decidir de forma consciente deixar esses condicionamentos de lado e desenvolver ideias próprias sobre a vida familiar e a divisão de responsabilidades.

É claro que um casamento que segue padrões tradicionais pode ser vivido de forma feliz quando ambos se sentem bem em suas funções, mas, como as mulheres atualmente têm boa formação profissional e já fizeram carreira antes de terem filhos, muitas não se sentem à vontade no papel de mãe em tempo integral permanentemente. Para piorar, o retorno à vida profissional é difícil. São raras as vagas de meio expediente, que poderiam ser ocupadas por mães na retomada da carreira. Isso é uma reclamação frequente por parte delas, mas até agora as empresas não fizeram grandes mudanças. Se as mães quiserem retomar o emprego em tempo integral após alguns meses ou um ano, o homem precisa assumir o papel doméstico ou o casal precisa deixar as crianças aos cuidados de outras pessoas durante a semana. Muitos pais não cogitam nenhuma das duas possibilidades, seja as perdas financeiras caso o homem reduza suas ambições profissionais em prol da mulher, seja a ideia de já deixar a criança de poucos meses aos cuidados de outras pessoas por várias horas do dia. Eles rejeitam essa opção, pois querem estar presentes, não delegar o desenvolvimento dos filhos às mãos de babás e creches. Isso é uma questão ainda mais complicada quando se trata de crianças que precisam de cuidados especiais, por apresentarem algum problema de desenvolvimento.

Na terapia de casal, muitos pais jovens reclamam de não terem praticamente nenhum tempo livre juntos, pois toda a rotina e todo o fim de semana estão ocupados pelo ganha-pão, a criação dos filhos e os afazeres domésticos. Um casal que estava em terapia comigo sonhava simplesmente passear novamente a dois! Eles me contaram que só suportavam essa situação porque todos os seus amigos passavam exatamente pela mesma coisa, portanto concluíram que era inevitável.

Por outro lado, já vi casos em que o pai ou a mãe tem muita dificuldade de delegar tarefas a pessoas de fora. Lembro-me de uma mãe de cinco filhos que ainda tinha que administrar uma casa grande e cuidar de um jardim maior ainda e que se recusava a empregar alguém que ajudasse nos afazeres domésticos ou no jardim, apesar de não ter restrições financeiras. Mas sua criança-sombra tinha crenças como "Não confie em ninguém", ou "Se não dá conta de tudo, é porque você é um fracasso". A situação só se resolveu quando essa cliente conseguiu desfazer suas crenças arraigadas.

Distribuição desigual de poder

A perda de igualdade nos relacionamentos amorosos frequentemente tem algo a ver com o acesso dos parceiros a fontes de poder, quais sejam, profissão, dinheiro, formação e nível de instrução, relação com as crianças e relação com amigos e família. No início, tanto Janine quanto Dênis tinham acesso equilibrado a esses recursos. Tinham profissões equivalentes, dinheiro suficiente, contato com amigos, etc. O nascimento dos filhos, porém, desnivelou essa balança.

A autonomia e o poder formam uma aliança da mesma forma que a conexão e a autonomia. Tendo em vista que o equilíbrio tombou a favor de Dênis para o lado da autonomia, ele também tem um acesso maior às fontes de poder profissão e dinheiro, pelas quais recebe mais reconhecimento que Janine, que se sente inferior e dependente. Janine, por sua vez, tem um acesso maior à fonte de poder que é a relação com as crianças. Por estar menos presente em casa e menos envolvido na dinâmica familiar, Dênis se deslocou para uma posição de escanteio na família. Janine, felizmente, tem a sabedoria de não usar as crianças contra Dênis. Ela se esforça para integrá-lo mais – é ele quem se coloca de fora. A criança-sombra de Dênis está condicionada pelo exemplo do pai, que lhe ensinou justamente esse modelo de paternidade. É por isso que Dênis se sente desajeitado e inibido na companhia das crianças e se refugia em outras atividades. Ele mesmo tinha uma relação ruim com o pai quando criança e por isso não consegue ter uma boa relação com os próprios filhos. A criança-sombra de Dênis sente vergonha de ter um contato afetuoso e amoroso com os filhos, apesar de no fundo desejar isso. Se quiser trazer mais equilíbrio à sua relação com as crianças e, consequentemente, com Janine, ele precisa refletir sobre seu condicionamento familiar e fazer escolhas diferentes. Mas ele boicota as tentativas de Janine de resolver o problema, pois o papel de provedor único da família o agrada inconscientemente. No nível consciente, ele sempre a critica por não reconhecer sua contribuição financeira. É uma crítica que tira Janine do sério, pois não é justa: ela inicia todas as conversas sobre o relacionamento exatamente com o reconhecimento dessa contribuição por parte dele. Quando Dênis se encontra no modo da criança-sombra, porém, ele não é capaz de aceitar críticas e sempre se defende com contra-ataques injustos, o que leva a discussões terríveis. Ou então ele concorda de forma genérica e vaga com as reclamações de Janine, mas não muda nada. A criança-sombra dentro dele se recusa a assumir a responsabilidade pelo relacionamento com a esposa e os filhos, o que faz com que cheguemos a outro tema frequente de conflito.

Distribuição injusta do dar e receber

Para que um relacionamento seja bem-sucedido para os dois, deve haver um equilíbrio entre dar e receber. Quando os polos conexão e autonomia se dividem entre os parceiros, como aconteceu com Dênis e Janine ou com Roberto e Júlia, em geral o equilíbrio entre dar e receber também é afetado.

Continuemos com o exemplo de Janine e Dênis. Ela faz praticamente todo o trabalho do relacionamento sozinha enquanto Dênis apenas ganha dinheiro. Apesar de ser uma contribuição muito importante para a felicidade da família, ela é mais abstrata, pois é registrada diretamente na conta bancária. Janine, por outro lado, assume permanentemente o papel do dar por meio do cuidado das crianças e das expectativas que Dênis lhe cobra em relação à assistência física e emocional delas. Há fases da vida em que não podemos evitar um desequilíbrio entre dar e receber, mas ele pode ser drasticamente compensado quando a parte receptora demonstra ao parceiro doador uma valorização especial. Isso pode ser feito por meio de palavras – se Dênis, por exemplo, expressar vez ou outra sua gratidão a Janine por sacrificar sua carreira e por cuidar das crianças. Pequenos atos de atenção, como flores, joias ou doces dados sem que haja uma ocasião especial, também podem fazer com que o parceiro se sinta valorizado. Além disso, o parceiro receptor também deveria se esforçar para, de tempos em tempos, aliviar a sobrecarga do parceiro doador assumindo tarefas. Esse comportamento faz com que o doador se sinta visto e reconhecido.

Por outro lado, a parte doadora também precisa ficar atenta para não assumir demais o papel de vítima, transformando o receptor, assim, em agressor. A relação sai do prumo não somente quando o doador tem a sensação de não ser o suficiente mas também porque o receptor desenvolve sentimentos de culpa. Tais sentimentos de culpa, porém, não fazem necessariamente com que o receptor se envolva mais, mas o motivam a se retrair cada vez mais. Não raro o receptor, assolado pela culpa, começa a ter um caso no qual possa se sentir novamente desejado. Mas o doador, que se sente usado e desvalorizado, também pode começar um caso extraconjugal para obter atenção e afeto, ou se separa na esperança de construir uma vida melhor longe do "explorador".

Os homens tendem a projetar em suas mulheres a imagem de suas mães superprotetoras, razão pela qual focam predominantemente, em certos casos, sua diferenciação e sua autonomia, como expliquei à luz do exemplo de Roberto. Nesse caso, eles enxergam qualquer demanda por mais afeto e envolvimento como interferência em sua liberdade de decisão. Se quiserem aprender a dar mais, precisam começar por desconstruir essa projeção antiga da criança-sombra. Também há muitas mulheres que têm tradicionalmente dificuldade de receber. Elas estão tão fortemente condicionadas pelo exemplo da própria mãe no papel de cuidadora que têm dificuldade em aceitar ajuda. Muitas pessoas sofrem com a ideia errônea de que os pais deveriam fazer tudo com os filhos exatamente como elas fariam. Mas, na verdade, é muito enriquecedor para as crianças quando a mãe e o pai oferecem formas distintas de relacionamento e atividades.

Como em todos os conflitos de relacionamento, também é muito importante assumir a responsabilidade pelo próprio comportamento, bem como deixar a responsabilidade do outro com ele. Enquanto a mulher não acreditar, portanto, que é perigoso o pai cuidar das crianças, ela deveria deixar o pai e as crianças construírem seu relacionamento da forma deles. Uma cliente minha me contou certa vez que o marido era muito negligente com a filha deles de 10 anos quando ela viajava a trabalho. Esquecia de preparar a janta, por exemplo. Mas ela deliberadamente não se metia nisso, de modo que a filha ia até a geladeira buscar algo ou pedia ao pai, e ele geralmente a atendia. O importante era que a menina não passava fome. Isso é uma divisão muito saudável da responsabilidade que poupa a família de conflitos desnecessários. É claro que a cliente havia sugerido ao marido algumas vezes que assumisse mais responsabilidade pela filha, mas, como ele abriga uma criança-sombra bastante rabugenta dentro de si, que não admite receber ordens de mulher alguma, ela sabiamente lhe devolveu a responsabilidade pela relação entre pai e filha.

CURA

Até aqui, nos concentramos em reconhecer sua programação de relacionamentos e suas estratégias de proteção. A partir de agora, ajudarei você a mudar suas programações internas e os comportamentos disfuncionais que as acompanham e que dificultam sua vida e seus relacionamentos.

Na verdade, a cura diz respeito, em sua essência, a não se identificar mais com a criança-sombra, mas reconhecer, a partir de uma postura emocional adulta, que ela é um fantasma da infância. A partir dessa distância interna, ou seja, da perspectiva do observador, você poderá destituir os sentimentos antigos e os pensamentos negativos e chegar a atitudes adequadas à sua realidade adulta atual. Além disso, poderá criar crenças novas e praticar comportamentos saudáveis que sejam ativados como uma programação alternativa da criança-sombra.

Entraremos em contato, portanto, com sua criança-sol. Para senti-la bem e desenvolver a força necessária para tirar o poder de sua criança-sombra de forma amorosa, você precisa de um ego adulto que seja um refúgio forte. A seguir, abordarei as formas de fortalecê-lo. Antes disso, falarei mais detalhadamente sobre as características de um relacionamento saudável de fato para que você consiga visualizar aonde deseja chegar.

CAPÍTULO 25

COMO É MESMO UM RELACIONAMENTO FELIZ?

Como vimos, o estado de apaixonamento tem apenas uma pequena interseção com o sentimento de amor. O apaixonamento é essencialmente caracterizado por sensações físicas: palpitações, frio na barriga e, em geral, intenso desejo físico. Gosto de comparar o apaixonamento com a ansiedade que precede uma prova; são estados muito parecidos. Trata-se de uma forma de nervosismo e excitação, representada fisicamente de modo muito similar, sendo que sentimos esses sintomas no estado do apaixonamento como positivos, enquanto os sentimos como negativos no estado da ansiedade antes da prova. Em minha opinião, o apaixonamento também é uma forma de medo da prova, sendo que nessa prova a matéria consiste em: Sou uma pessoa amável? Sou atraente? Você me deseja? Você ficará ao meu lado nos piores momentos? O que preciso fazer para você se apaixonar por mim? Quando estamos apaixonados, apostamos tudo para convencer o outro de nossas melhores qualidades.

No estado de apaixonamento, não confiamos na outra pessoa. Pelo contrário: mostramos nosso melhor ângulo e escondemos nossos defeitos, ou seja, não somos de todo autênticos. No fundo, no estado de apaixonamento lidamos mais com nosso desempenho que com o parceiro. Estudos neuropsicológicos com pessoas apaixonadas apontaram que, no estado de adrenalina da paixão, são ativadas basicamente áreas cerebrais que têm autorreferência. Mesmo que a pessoa apaixonada pense praticamente o tempo todo no objeto da paixão e sinta uma forte saudade, esses pensamentos e essa saudade se relacionam com a alegria da excitação em si, não com o ato de sentir empatia e assumir a responsabilidade pelo outro. E é exatamente esse o ponto fundamental do amor. O amor é caracterizado por um alto grau de responsabilidade pelo parceiro e um alto grau de autenticidade. Outras características indispensáveis de um relacionamento feliz são a valorização, o carinho, a alegria altruísta, a empatia e a aceitação de defeitos.

Quando nos sentimos responsáveis pelo parceiro no sentido positivo, queremos que ele esteja bem e evitamos ações capazes de feri-lo. Tratamos a pessoa com respeito, carinho e valorização. Responsabilidade não significa agradar o companheiro em tudo e esquecer de si mesmo. Pelo contrário: significa também assumir a responsabilidade pelos próprios desejos e necessidades, o que inclui comunicá-los com sinceridade, afinal, só assim meu parceiro tem chances reais de me oferecer o mesmo respeito e a mesma valorização. Podemos e devemos negociar desejos e ideias distintas em um relacionamento amoroso. Isso também significa autenticidade, ou seja, podermos dar suporte a nós mesmos e a nossos desejos. Justamente por confiarmos um no outro é que podemos discutir tranquilamente às vezes. Pessoas que têm um relacionamento íntimo e alegre têm uma boa gestão de conflitos. Elas confiam no fato de o amor aguentar uma briga. Casais felizes, porém, não têm tantos motivos para brigar. Eles acompanham de perto suas crianças-sombra, o que faz com que o parceiro praticamente não receba projeções negativas distorcidas. Eles geralmente se sentem compreendidos e vistos.

A esta altura já deve estar claro que, em relacionamentos difíceis, pelo menos um dos parceiros abriga uma criança-sombra irrefletida dentro de si. Conflitos que surgem de parcelas saudáveis da personalidade são fáceis de resolver, bastando que os parceiros entrem em um acordo. O casal pode negociar, por exemplo, a divisão do trabalho doméstico e do cuidado das crianças. Quando ambos os parceiros têm condições de assumir responsabilidades e valorizar o outro, esses acordos também funcionam bem.

Casais de longo prazo lidam com os defeitos do parceiro generosamente e focam seus pontos fortes. Eles podem até não idealizar mais o outro como no período inicial do apaixonamento, mas certa idealização permanece. Podem brigar de vez em quando, mas não demoram a se reconciliar. Casais felizes sabem brigar e fazer as pazes – a briga não deixa cicatrizes, pois eles confiam um no outro e não duvidam do amor que construíram juntos.

E como fica o sexo em relacionamentos de anos? O desejo necessariamente esfria? A maioria dos casais felizes faz sexo com frequência, mesmo na idade avançada. A autenticidade tem um papel tão importante na sexualidade quanto nas outras áreas de convivência. Quando ambos os parceiros conseguem confiar, também conseguem se entregar, o que leva a sexualidade a fluir. Naturalmente, o sexo não é mais tão frequente e intenso como no período inicial do apaixonamento, mas, em compensação, conhecemos melhor as preferências um do outro. A demanda erótica também tem a ver com a sensação de atratividade do próprio corpo: a falta de desejo sexual não surge somente quando não achamos o parceiro mais atraente, mas sobretudo quando rejeitamos nosso corpo. Tanto homens quanto mulheres costumam perceber a si mesmos como objetos do desejo sexual e querem estar bonitos na cama. Quando não se sentem assim, a capacidade de se divertir no sexo é gravemente reduzida.

Também há casais felizes que não fazem sexo, em especial quando ambos não sentem falta dele.

Outra característica de casais felizes é que costumam gostar de regredir, ou seja, de retornar a um nível anterior de desenvolvimento. Eles vivenciam uma dependência benéfica e agradável na qual podem voltar à infância. Estudos mostraram que casais felizes gostam de praticar o chamado *baby talk*, ou seja, de falar de forma bastante infantil entre si às vezes. Muitos desenvolvem um tipo de linguagem própria com expressões afetivas específicas. Essa regressão deve ser compreendida como uma libertação feliz na segurança do relacionamento.

Uma vantagem especial se apresenta quando os parceiros são bastante parecidos. Diversos estudos já mostraram que "pessoas semelhantes" têm muito mais facilidade de lidar uma com a outra que os tão citados opostos que se atraem. A atração, com efeito, costuma durar pouco. Em uma fase posterior do relacionamento, os opostos têm dificuldade de conviver. Valores, interesses e hobbies em comum, bem como uma identidade cultural comum, facilitam imensamente a interação.

Esses são alguns pontos que caracterizam um relacionamento feliz. Acredito que você possa imaginar agora quão fácil pode ser ter um relacionamento em que os dois se sintam bem e amados. Não seria bom se sentir protegido e livre ao mesmo tempo? Conseguir simplesmente falar com seu parceiro sobre alguma questão e lhe mostrar o que é importante para você – e ele saber acolher, e vocês buscarem juntos uma solução comum?

Talvez isso soe quase fácil demais para ser verdade. Mas o único pré-requisito para isso é que você decida corajosamente refletir sobre si mesmo, reconhecer a programação de sua criança-sombra e se libertar dela.

A seguir, trataremos de seu ego adulto, que lhe fornece suporte e força para que esse desapego seja possível.

CAPÍTULO 26

FORTALEÇA SEU EGO ADULTO

Explicarei agora como fortalecer seu ego adulto. A base para isso é sair do papel de vítima e assumir a responsabilidade por sua criança-sombra, pois somente assim você conseguirá fazer os exercícios a seguir de forma ativa. Caso contrário, você lerá as frases, provavelmente consentirá internamente e as esquecerá em seguida – e nada vai mudar. Você assume a responsabilidade pelo seu comportamento quando reconhece o que está acontecendo. É somente quando abre os olhos e admite para si mesmo que há uma criança-sombra atuando dentro de você que sua parcela adulta consegue assumir a responsabilidade por essa criança-sombra. É você quem precisa tomar essa decisão.

Isso é difícil para muitas pessoas, pois a mudança dá medo. O antigo pode não ser tão agradável, mas é conhecido e seguro. A libertação não cai do céu, é algo a ser treinado. Da mesma forma que precisa treinar uma nova dança, um novo esporte ou um novo instrumento para em algum momento ter o domínio dessas atividades, você também precisa de treino para aprender novas maneiras de pensar, sentir e se comportar. Nas páginas a seguir, apresento alguns exercícios que ajudarão você a desconstruir sua antiga programação e instalar uma nova em seu sistema operacional. A mudança está em suas mãos.

Pegue-se no flagra e mude

A rainha de todas as estratégias de mudanças é *se pegar no flagra* quando se está no modo da criança-sombra para então *mudar* para o ego adulto. Relembrando: se você quiser mudar, precisa primeiro reconhecer qual é o seu problema. Fizemos isso quando analisamos sua criança-sombra. O segundo passo fundamental é saber reconhecer, a partir da razão adulta, que se trata de condicionamentos arbitrários que não dizem nada sobre sua autoestima, mas exclusivamente sobre a criação que você recebeu de seus pais. Mesmo que você não consiga mandar nos seus sentimentos, pelo menos no nível racional deveria estar claro que suas crenças não têm teor de verdade. Tenha consciência de que elas influenciam até mesmo as menores ações suas, ou seja, que você age habitualmente com base na criança-sombra, pois foi ela quem construiu sua realidade até o presente momento. É mais fácil se pegar no flagra no nível dos sentimentos, e é por isso que é tão importante conhecer os sentimentos que pertencem à sua criança-sombra: por exemplo, vergonha, culpa, ciúme, vazio, medo da perda, medo do fracasso, tristeza, desespero, pressão, rebeldia e raiva.

Ao sentir essas emoções, você saberá que muito provavelmente sua criança-sombra está ativa. Talvez você queira argumentar que existe raiva ou existe medo que são justificados e que não têm nada a ver com a criança-sombra. Isso está correto, mas quando os sentimentos são de fato compreensíveis e justificados você também sabe disso racionalmente. Abordarei a seguir como diferenciar os sentimentos que surgem da criança-sombra – e nos quais você não deve confiar mais – de seus outros sentimentos.

Para se pegar no flagra, você precisa de *autoconhecimento*, que é a essência de qualquer aprimoramento pessoal. Sempre comprovo isso em meus clientes. É necessário ter *disciplina mental* para não sucumbir à própria criança-sombra, dando um passinho de cada vez e percebendo quando se está no modo da criança-sombra. Algumas pessoas podem até compreender isso na teoria, mas não conseguem colocar em prática. *À medida que você passar a se pegar no flagra a tempo e mudar, cada vez mais vias de informação se gravarão em sua mente, e logo você terá uma nova programação instalada também no nível dos sentimentos, a qual destituirá o antigo sentimento da criança-sombra.*

Além disso, obtenha uma *meta-atitude* para si. "Meta-atitude" significa tornar claro para si, de uma vez por todas, que sua criança-sombra é uma mera projeção da infância e que ela não tem nenhuma relação com sua realidade adulta. Para fortalecer seu ego adulto nesse momento, vou lhe dar alguns argumentos para você ter sempre à sua disposição. Os argumentos ainda terão um papel importante nos trechos a seguir, pois eles abrem as portas para a segurança do ponto de vista e da razão.

Argumentos que fortalecem seu ego adulto

- Nenhuma criança nasce má.
- Crianças não podem ser más.
- Crianças podem ser irritantes e difíceis, mas isso não muda em nada seu valor.
- É responsabilidade dos pais (antes de se tornarem pais) refletir se desejam de fato assumir o estresse de criar um ser humano.
- Crianças precisam ser irritantes, pois são impotentes e precisam sensibilizar o adulto de alguma forma para satisfazer suas necessidades básicas. A configuração delas é: "Sobreviver!", "Crescer!", "Aprender!".
- Se estiverem sobrecarregados, os pais devem buscar ajuda. As crianças não têm culpa disso.
- Cabe aos pais compreender os sentimentos e as necessidades da criança. Não cabe à criança entender e atender aos sentimentos e necessidades dos pais.
- Cabe aos pais amar e acolher a criança neste mundo, não à criança se comportar de determinada maneira como condição para que os pais a amem.

A partir de agora, passe a se observar com muita autoconsciência para se pegar no flagra o mais depressa possível quando entrar novamente no modo criança-sombra. Para isso, é preciso identificar seus sentimentos, de preferência no momento em que surgirem, quando ainda não são muito intensos, pois é praticamente impossível regular sentimentos muito fortes. Fique de olho e, assim que você perceber que entrou no modo criança-sombra, mude para a perspectiva do observador, ou seja, para seu ego adulto, criando assim uma distância das emoções. Você pode perceber nitidamente a partir da perspectiva do observador, por exemplo, que hoje você é uma pessoa adulta e que não tem motivo para se sentir inferior. A partir dessa perspectiva, você pode ver que tem razão em se defender, argumentar ou se separar. Sei que você provavelmente está pensando: "Na teoria, isso já é claro para mim há muito tempo, mas mesmo assim não consigo mudar." Fique tranquilo, pois ainda faremos muitas práticas neste livro para ancorar suas novas perspectivas também em seus sentimentos. A esta altura, a questão é unicamente a mudança de perspectiva que você pode realizar com a ajuda de sua razão adulta. Ainda não é essencial que seus sentimentos acompanhem esse movimento; o que importa é que você pelo menos tenha clareza, no plano racional, de que sua criança-sombra é um produto de sua criação, *não você*.

Exercício: As duas posições da percepção

O propósito deste exercício é sair, de forma consciente, da perspectiva de campo para a perspectiva do observador. Essas são as duas posições da percepção. Na primeira, estou totalmente identificada comigo e com meus sentimentos, ou seja, me encontro na perspectiva de campo. Nesse caso, tanto sentimentos da criança-sombra quanto parcelas saudáveis da minha personalidade podem estar ativos. E a segunda posição é a perspectiva do observador, em que me identifico com a cabeça fria da razão, o ego adulto.

Para este exercício, traga à memória um conflito específico que você tenha tido com seu parceiro ou outra pessoa no qual sua criança-sombra com certeza teve algum papel. Evite escolher um incidente grave enquanto ainda está aprendendo o princípio do exercício. Imagine uma situação concreta na qual você tenha tido uma discussão com alguém ou na qual você tenha evitado uma discussão porque mais uma vez cedeu a caprichos alheios.

1. Posicione-se na primeira posição da percepção, ou seja, no modo criança-sombra. De preferência, escolha lugares diferentes do cômodo para as posições. A partir da perspectiva de campo, ou seja, pelos olhos de sua criança-sombra, observe a pessoa com quem você discutiu e identifique como você a vê, quais motivos e intenções você supõe que ela tenha e como tudo isso reverbera em você. Depois que registrar tudo isso, desembarque de seus sentimentos. Para isso, você pode se distrair com alguma atividade completamente diferente ou dar batidinhas no corpo todo, dos pés à cabeça. Você também pode pensar em um país para cada letra do alfabeto como forma de distrair a mente.
2. Depois de desembarcar dos sentimentos da criança-sombra, assuma a segunda posição da percepção, que é a perspectiva do observador. A partir dessa perspectiva, você vê a si mesmo e a pessoa com quem você discutiu pelos olhos do ego adulto. Você pode inclusive imaginar que aquela pessoa não é você, mas qualquer outra que se sente e age daquela forma, possibilitando o maior distanciamento possível. Imagine agora que você é um juiz neutro a quem cabe julgar esse caso. Reflita:
    - Olhando de fora, como você percebe sua criança-sombra?
    - Como você analisa suas crenças, seus sentimentos e seu comportamento?
    - Você acha que os sentimentos e o comportamento de sua criança-sombra são adequados à situação?
    - Se você fosse seu próprio coach, qual conselho daria a si mesmo?

Você pode fazer esse exercício quantas vezes quiser, para diferentes situações e conflitos, pois ele é praticamente a base de qualquer mudança e da autorregulação.

No próximo exercício, daremos um passo adiante. No anterior, a intenção era mudar o mais rápido possível da perspectiva de campo para a perspectiva do observador. Mas há uma terceira perspectiva: a do outro.

O objetivo agora é exercer a empatia. Entraremos na segunda posição, pois, como sempre finalizamos com a perspectiva do observador, ela se deslocou para a terceira posição. As três posições portanto são:

1. Perspectiva de campo: me identifico com minha criança-sombra (ou também com as parcelas saudáveis do meu eu e da minha vida emocional).
2. Empatia: me identifico com os sentimentos do meu interlocutor.
3. Perspectiva do observador: vejo o outro e a mim mesmo pelo lado de fora.

No cenário ideal, aprendemos a trocar de posição sem esforço. Não é necessário que você troque de lugar no cômodo quando se colocar nas distintas posições futuramente. Isso é somente uma medida de suporte para que você aprenda a mudança de posição. Muitas pessoas se localizam preferencialmente em uma posição. As crianças-sombra adequadas se sentem melhor, em geral, na posição da empatia, ou seja, estão frequentemente mais identificadas com os desejos do outro que consigo mesmas. Mas como direcionam sua atenção para os sentimentos do outro, não conseguem sentir a si mesmas ao mesmo tempo. Têm mais facilidade de fazer isso quando estão sozinhas, como já mencionei algumas vezes.

Por outro lado, as crianças-sombra autônomas, que estão constantemente focadas em defender suas fronteiras, encontram-se com frequência na primeira posição da percepção. Isso significa que elas sentem apenas o próprio sofrimento, não o do outro. Têm dificuldade de exercer a empatia, pois estão muito ocupadas com a defesa dos limites de seu eu.

Já as pessoas que costumam se colocar na posição do observador praticamente não têm contato com os próprios sentimentos e os do outro. São muito técnicas e têm baixa amplitude emocional. Costumam sentir pouco, observando o mundo e as pessoas de fora, sem realmente participar da vida de forma vibrante. Muitas delas têm a sensação de simplesmente funcionarem.

Reflita se você tende a uma das três posições ou se consegue transitar facilmente entre todas.

Exercício: As três posições da percepção

Para este exercício, você pode usar o mesmo conflito que usou no exercício anterior. Como no exercício anterior você já esteve na primeira posição da percepção, ou seja, sua criança-sombra, pode pular essa etapa e assumir direto a segunda posição. Agora, você sente empatia pelo outro e o vê através dos olhos dele. Como o outro se sente com você? Depois de explorar a segunda posição, desembarque novamente de todos os sentimentos, entre na terceira posição (posição do observador) e analise a situação a partir de seu ego adulto, como se você fosse um juiz imparcial. Os sentimentos são irrelevantes aqui, pois se trata de uma argumentação puramente técnica, feita praticamente de forma "neutra" por você. Encerre de novo a análise dando a si mesmo conselhos na posição de coach ou adotando uma nova postura interna.

As três posições da percepção formam o fundamento da gestão de conflitos, da empatia e do olhar neutro. Caso você tenda a se manter predominantemente em determinada posição, treine assumir também as outras em seu dia a dia. Se, por exemplo, você se identifica mais com os sentimentos do outro (segunda posição), treine conscientemente, em conversas, sentir mais a si mesmo. Pergunte a si mesmo: Como me sinto neste momento em relação a você(s)? O que quero? Quais são meus desejos e necessidades? Tente se manter em contato com seus sentimentos mesmo na presença de outras pessoas.

Por outro lado, se for difícil para você assumir a perspectiva empática, treine esse aspecto conscientemente. Direcione sua atenção, portanto, à pergunta sobre como o outro está, qual é sua preocupação e quais são seus sentimentos. Você perceberá que seus relacionamentos se tornarão muito mais harmônicos à medida que treinar a empatia.

Se você tende a privilegiar a terceira posição, ou seja, se você se situa com mais frequência na perspectiva do observador, permita-se assumir mais a primeira posição e ser você mesmo. Observe seus sentimentos e permita-se sentir. Garanta diversão e vivacidade em sua vida. No seu caso, a prioridade é desenvolver uma ligação mais forte com seu eu. Você encontrará mais alguns exercícios para isso adiante.

Diferencie fatos de interpretações

Como já mencionei, estamos profundamente condicionados a confiar em nossos sentimentos, pois eles dão uma direção a nossas ações e nos colocam em movimento – a palavra *emoções* deriva do latim "emovere", "deslocar-se para fora". O maior desafio é não acreditar em todos os sentimentos que surgem dentro de nós, pois, quando eles têm sua origem na criança-sombra, não são bons conselheiros. Temos que aprender, portanto, a regular nossos sentimentos. Infelizmente, sentimentos que surgem a partir de nossa criança-sombra são sentidos da mesma forma que aqueles resultantes das parcelas saudáveis da nossa personalidade. Nossos sentimentos, aliás, também estão sujeitos à predisposição genética: os extrovertidos sentem os sentimentos (tanto os bons quanto os ruins) de forma mais intensa que os introvertidos. A vida emocional dos introvertidos é mais equilibrada e menos dramática.

Então como distinguir os sentimentos justificados daqueles da criança-sombra? E os sentimentos da criança-sombra não seriam também justificados? Às vezes recebo mensagens de leitores e leitoras afirmando que sua criança-sombra seria também parte deles e que tais sentimentos também seriam legítimos. Isso não é de todo verdade. Quando compreendemos que a programação da criança-sombra é um software defeituoso, por termos sofrido pequenos danos de nossos pais ou cuidadores, precisamos reconhecer que os sentimentos resultantes da criança-sombra se baseiam, na verdade, em acepções falsas e interpretações imprecisas da realidade. O conceito de projeção já apresentado tem um papel importante aqui. Quando estamos presos em nossa criança-sombra, corremos o risco de projetar falsas interpretações no outro, tal como Júlia, que, em virtude de sua crença "Não sou boa o suficiente", projeta em Roberto uma grande superioridade e se sente rejeitada e inferiorizada por ele de acordo com tal crença. Se quiser mudar esse sentimento, ela não pode esperar que Roberto, que tem medo de compromisso, finalmente se declare para ela. Ela mesma precisaria questionar sua crença e sua interpretação da realidade. Percebemos a nós mesmos de forma egocêntrica quando estamos presos em nossa criança-sombra. As crianças pequenas associam todos os acontecimentos a si mesmas e acreditam que são o motivo pelo qual seus pais e as outras pessoas se comportam de tal forma, não de outra. Quando o pai bate na criança, ela pensa "Sou má", não "Papai é agressivo". Quando a mãe sorri para a criança, ela sente que é boa. A autoestima espelhada também faz com que os adultos levem os comportamentos dos outros de forma muito pessoal.

Sentimentos que resultam da criança-sombra são péssimos conselheiros, por isso não devemos lhes dar ouvidos.

Pense em pelo menos três situações de sua vida nas quais seus sentimentos agravaram um conflito, uma ofensa ou uma situação aparentemente sem saída. Anote isso no seu caderno de reflexões.

Exercício: Verificação da realidade

Pense em uma situação atual ou passada em que você tenha ou tenha tido um conflito com alguém. Analise-a na seguinte sequência:

1. Descreva objetivamente o comportamento da pessoa.

   (Relate o comportamento do outro em fatos, somente o que poderia ser observado por qualquer pessoa. Exemplo: "Meu parceiro muitas vezes não me ouve com atenção e me interrompe quando estou falando.")

2. Sua interpretação do comportamento da pessoa.

   (Exemplo: "Ele não me dá valor, não se interessa em saber como me sinto.)

3. Quais crenças suas se aplicam a essa interpretação?
   (Exemplo: "Não sou importante.")

4. O que você sente quando pensa assim?
   (Exemplo: "Tristeza e raiva.")

5. Pense em pelo menos três explicações alternativas para o comportamento da pessoa.
   (Exemplo: 1. Ele é impaciente porque é naturalmente extrovertido. 2. Eu exijo pouca atenção e falo muito baixo, sem me impor. 3. Ele realmente não se interessa pelo que conto, mas isso não tem a ver comigo, pois minha autoestima não depende do comportamento do meu parceiro. O comportamento dele diz mais sobre ele.)

Acostume-se a diferenciar fatos de interpretação. Para isso, seu ego adulto na perspectiva do observador é de grande auxílio.

Liberte-se do emaranhado

Quando estou emaranhado com outra pessoa, tenho um conflito real ou potencial com ela. "Emaranhado" significa que não consigo separar nitidamente quais parcelas (posturas, comportamentos, sentimentos, etc.) do outro contribuem para o conflito e quais das minhas parcelas estão envolvidas nele. Júlia está emaranhada com Roberto, pois praticamente se sente responsável pelo fato de ele não se entregar realmente à relação. Em virtude da interpretação errônea de sua criança-sombra de que a insuficiência é a causa da falta de intimidade de Roberto, ela assume a responsabilidade pelo problema ao se esforçar para ser ainda melhor e mais bela para Roberto. Se quiser se libertar do emaranhado, ela precisará assumir a terceira posição da percepção e fazer o seguinte:

1. Erguer internamente uma parede de vidro entre ela e Roberto.
2. Através dessa parede de vidro, analisar com clareza a real relação do comportamento de Roberto com ela, ou seja, avaliar a parcela que cabe a ele na situação – e devolver-lhe, internamente, a responsabilidade por isso.
3. Depois, avaliar se o comportamento dele realmente diz algo sobre a autoestima dela.
4. Analisar qual comportamento dela contribui para a situação.
5. Enxergar internamente as parcelas de Roberto que contribuem para a situação. Assim ela poderia deixar com Roberto a responsabilidade pelo comportamento, pelos sentimentos ou pelas projeções dele e, finalmente, assumir a responsabilidade pelas próprias parcelas.

Esse exercício levaria Júlia a reconhecer que o comportamento de Roberto resulta de seu medo de compromisso e não reflete o valor dela como pessoa. Ela poderia assumir a responsabilidade pela própria parcela: o fato de se apegar muito a ele. Com base nessa análise sóbria, Júlia poderia tomar novas decisões: por exemplo, cuidar mais de si mesma no futuro e seguir seu próprio caminho. Talvez ela também chegasse à conclusão de que vale a pena pensar na possibilidade de se separar de Roberto.

Da mesma forma, Roberto também poderia reconhecer que é responsabilidade sua desconstruir sua projeção materna em Júlia. Ele poderia compreender que os desejos de Júlia de maior envolvimento dele na relação são completamente justificados e que ele não é mais um menino pequeno que precisa se submeter a uma mulher abusiva. Isso poderia criar uma nova abertura por parte dele para se envolver mais com Júlia.

Se ambos fizessem o exercício, poderiam conversar sobre os impulsos de fuga de Roberto e a carência de Júlia em um metanível e fazer uma boa reflexão sobre si mesmos. Seu relacionamento ganharia, assim, muita qualidade.

Argumentos em vez de intuição

Se quiser diferenciar sentimentos genuínos de falsos, você precisa de segurança em seu ponto de vista, a qual é obtida, acima de tudo, por meio de bons argumentos. Nossa intuição, quando baseada nos sentimentos da criança-sombra, costuma ser uma má conselheira, como já sabemos. A razão é muito mais precisa. É por isso que deveríamos consultá-la com mais frequência.

Continuando com o exemplo anterior, a criança-sombra de Júlia acredita que é sua culpa o fato de Roberto se manter distante dela. Se quiser verificar a veracidade dessa avaliação, ela precisa entrar na terceira posição da percepção e analisar com base em argumentos se sua interpretação procede. Sua avaliação orientada pela razão poderia se dar da seguinte maneira:

Minhas queixas e meu apego desesperado irritam Roberto. Não dou espaço suficiente a ele.

Por outro lado, eu não reclamaria se Roberto demonstrasse um pouco mais de compromisso e dedicasse mais tempo a mim. Esperar que nos encontremos pelo menos três vezes por semana não é pedir muito. Além disso, também posso esperar de Roberto que estabeleça um planejamento comum de férias, afinal, meus desejos de previsibilidade e planejamento são tão legítimos quanto seus desejos de flexibilidade e espaço. No tocante ao espaço, Roberto já é a única pessoa que tem voz no relacionamento. Na verdade, somente suas necessidades são consideradas. Eu só posso estar perto dele quando ele deseja – Roberto não faz concessões, mas concessões são condições para um relacionamento. Um homem que diz não me amar mais porque engordei não me ama realmente. Além disso, Roberto já tinha problemas de intimidade em outros relacionamentos, a não ser que a mulher não estivesse envolvida emocionalmente de fato com ele, como Valéria.

Bônus: Abandonei Cris para ficar com Roberto, sendo que Cris era muito mais capaz de ter um relacionamento feliz. Talvez eu mesma tenha um problema com intimidade e distância no relacionamento e também devesse tratar isso.

Sempre que você se pegar no flagra julgando algo com base em sentimentos, entre na terceira posição da percepção e verifique sua interpretação.

Pegue sua criança-sombra pela mão

Você já aprendeu muito até aqui. Agora reconhece sua criança-sombra com suas crenças obstrutivas e suas estratégias de proteção e fortaleceu seu adulto interno. Além disso, você sabe separar a criança-sombra do adulto interno assumindo as distintas posições da percepção, e treinou sua argumentação. Você acumulou muitos conhecimentos para conseguir tranquilizar sua criança-sombra e desembarcar dos sentimentos negativos. Talvez também tenha percebido, ao longo dos exercícios, que às vezes sente um pouco de tristeza quando se depara conscientemente com sua criança-sombra. Talvez sinta quão ofendida, irritada, triste e perdida ela é. Por isso não é suficiente reconhecer nossa criança-sombra e simplesmente deixá-la de lado e assumir o olhar do ego adulto. Precisamos acolhê-la amorosamente, dar-lhe atenção e consolá-la. Assim será mais fácil explicar a ela que ela não tem mais poder sobre nossa vida atual, pois a situação mudou e agora somos adultos.

Você pode aplicar o conhecimento que adquiriu até aqui para se comunicar de forma direta com sua criança-sombra e consolá-la. Com a ajuda de seu ego adulto, você pode inclusive fazer a clara reflexão de que suas crenças negativas são o resultado de sua criação, não a realidade. É claro que sua criança-sombra não se deixará convencer tão facilmente, pois os antigos condicionamentos estão profundamente gravados em seu interior. Por isso é importante alcançar a criança-sombra em um nível emocional, o que só é possível se você aceitá-la.

A aceitação da criança-sombra é um passo fundamental para a cura. No momento em que diz sim para algo, você dissolve sua resistência interna. Quando reconhece em um nível profundo que essas feridas ocorreram, você reconhece a si mesmo. Quando, por outro lado, reprime sua criança-sombra e suas feridas, você perpetua a injustiça que ela sofreu: seus sentimentos e suas feridas internas são ignorados e negados. Curar-se é tornar-se inteiro. Ao aceitar essa parcela de sua personalidade, você se torna inteiro. A criança-sombra que desenvolveu como defesa, com sentimentos poderosos e programações destrutivas, é acolhida dentro de você. Quanto mais se sentir acolhida dentro de você, mais tranquila ela ficará.

Exercício: Segurando sua criança-sombra pela mão

1. Feche os olhos e entre em contato com sua criança-sombra. Você pode fazer isso declarando suas crenças negativas e sentindo-as em seu interior. Talvez você também consiga evocar sua criança-sombra mais facilmente pensando em uma situação na qual ela esteve ou esteja muito ativa. Pode ser uma situação de infância ou de sua vida adulta. Imagine a situação e perceba como sua criança-sombra se sente. Provavelmente surgirão sentimentos bem conhecidos, como medo, raiva, tristeza ou vergonha. Sua criança-sombra se revela em tais sentimentos.
2. Respire fundo e diga: "Esta é minha criança-sombra. Minha pobre criança, agora você pode simplesmente estar aqui. Eu reconheço você e levo você a sério. Eu aceito você!"
3. Continue respirando fundo. Tenha empatia por sua criança-sombra. Diga a ela que, a partir de agora, você sempre estará disponível para consolá-la. Diga que ela nunca mais estará sozinha. Diga que você, o ego adulto, vai segurá-la pela mão e lhe explicar como funciona o mundo, para que ela sinta que tem valor exatamente como é.

Você verá que quanto mais aceitar sua criança-sombra, mais tranquila ela ficará. Ela se sentirá vista e aceita. Incorpore esse exercício em seu dia a dia e o pratique sempre que possível.

A partir de agora, garanta que sua criança-sombra não assuma as rédeas de suas ações. A criança-sombra pode ser medrosa e abatida, preferindo fugir das situações ou até mesmo preferindo atacar. Mas é o adulto quem determina o que será feito. É como a vida real com crianças pequenas: se a criança está com medo de ir ao dentista, por exemplo, o pai amoroso ou a mãe amorosa a leva pela mão e a ajuda a enfrentar o momento desafiador em vez de ceder à vontade da criança e desmarcar a consulta. Da mesma forma, o adulto não permite que a criança deixe de ir à escola por não estar com vontade. Você pode imaginar a questão da criança-sombra da mesma forma: você a ouve e permite que ela lhe relate seus medos e preocupações, mas é você quem decide o que será feito, com base na razão e em bons argumentos – ou seja, com o ego adulto.

Estratégias do dia a dia para a criança-sombra

Os exercícios apresentados até agora exigem que você reserve algum tempo para praticá-los. Eles têm como objetivo a cura de sua criança-sombra a longo prazo. Porém nem sempre temos tempo em nossa rotina corrida para longas conversas com nossa criança-sombra ou para assumir as três posições da percepção. Em situações difíceis, nas quais você se pegue no flagra agindo no modo criança-sombra, você precisa de pequenas intervenções que façam efeito rápido. Por isso vamos aprender algumas estratégias fáceis de pôr em prática. Além destas sugestões, use a criatividade e a imaginação para encontrar suas estratégias pessoais. De preferência anote-as, para tê-las sempre disponíveis e poder usá-las sem precisar refletir muito.

Frases encorajadoras

Muitas vezes, pequenas frases encorajadoras já são o suficiente para acalmar a criança-sombra e entrar em outro estado de espírito. Imagine que você é o pai amoroso ou a mãe amorosa de que sua criança-sombra precisa para encontrar consolo e apoio. Você adota uma postura amorosa em relação à criança-sombra e fala com ela dessa forma (internamente).

Se, por exemplo, você se pegar no flagra reagindo de forma ofendida a uma crítica boba, pode dizer à sua criança-sombra: "Calma, está tudo bem. Não há problema em cometer erros de vez em quando." Ou se você se pegar no flagra se sentindo inferior a alguém, diga: "Ah, meu amor, essa pessoa não é sua mãe ou seu pai, e hoje somos adultos e estamos em pé de igualdade com os outros."

Às vezes basta consolar a criança sombra acariciando sua cabecinha ou tomando-a pela mão (simbolicamente). Não rejeite essa ideia de imediato, pensando que seria ridículo falar assim consigo mesmo. Apenas tente. Ninguém vai ver ou ouvir você fazendo isso. Você verá o bem que isso lhe fará e como sua criança-sombra ficará mais calma.

Pense em pelo menos três gatilhos diários típicos de sua criança-sombra e encontre uma frase encorajadora ou um gesto para cada um deles. Anote tudo no seu caderno de reflexões.

Advertências

Ser um pouco mais rígido com a criança-sombra também pode funcionar, pois ela tende a se perder na autopiedade. Esse é um caso frequente, por exemplo, quando se trata de coração partido, ou se a criança-sombra entrar em uma espiral de sentimentos (sentindo medo, por exemplo). Uma breve mensagem de advertência pode ser renovadora. As crianças reais às vezes também precisam de repreensões. Se você se flagrar em uma espiral de sentimentos negativos e cenários de medo, pode dizer em um tom severo, porém gentil: "Agora já chega! Você não é o único que está sofrendo neste mundo", ou "Pare com isso", ou "Seus medos nunca se concretizaram, você é só minha voz do medo, um péssimo conselheiro!".

Formule pelo menos três advertências que você possa usar para tirar sua criança-sombra da espiral de sentimentos e escreva-as no seu caderno de reflexões.

Gatilhos positivos

As visualizações têm um enorme poder – você percebe isso com frequência no sentido negativo, quando imagina os cenários terríveis que podem acontecer. A imaginação, porém, também pode ser usada para o bem. Encontre uma imagem da qual você possa tirar muita força e que tenha um efeito tranquilizador ou animador nos medos da sua criança-sombra. Essa imagem pode ser sua paisagem favorita ou uma situação do passado na qual você se sentiu forte e competente. Talvez você também queira escolher uma situação na qual estava simplesmente feliz (e que não evoque memórias tristes). Você também pode imaginar uma situação de forma livre ou tomar emprestadas imagens de filmes. O importante é que essa imagem ou situação lhe transmita um sentimento de força interior e segurança. Essa imagem se tornará sua fonte de energia pessoal.

Fique em pé e mergulhe profundamente em sua fonte de energia. Foque na imagem com todos os seus sentidos. O que você vê? O que ouve? Sente algum cheiro? Como você se sente? Como seu corpo se sente? Encontre uma palavra-chave para sua fonte de energia e desenhe um símbolo para ela no seu caderno de reflexões (pode ser bem simples!).

Quando você se pegar no flagra no modo criança-sombra em seu dia a dia, busque força interna em sua fonte de energia, que pode ser evocada a qualquer momento.

Posturas de poder

Assim como imagens têm um efeito imediato no humor, a postura corporal também influencia o estado de espírito. Nosso humor e nosso corpo se influenciam mutuamente, o que já foi comprovado em muitos estudos. Você também pode fazer uso de posturas corporais para sair rapidamente do modo criança-sombra e entrar no modo adulto interior, como exercitamos agora há pouco.

Exercício: Posturas de poder

1. Fique de pé em uma posição estável, com ambos os pés firmes no chão. Imagine agora uma situação na qual você se sentiu forte e muito bem, seja fazendo esportes, seja alcançando alguma conquista ou em um momento de felicidade em sua vida pessoal. Você também pode eleger como imagem sua fonte de energia da seção anterior.
2. Agora baixe o olhar ou feche os olhos. Entre completamente na situação imaginada. O que você vê? O que ouve? Existe algum cheiro ou sabor no ar? Como você sente o chão sob seus pés? Quais sentimentos surgem? Deixe a sensação de felicidade agir sobre todo o seu corpo e sinta também sua respiração. Como ela fica quando você está em seu momento mais forte? Sinta seus pés, pernas, glúteos, o tronco, os ombros e a cabeça. Qual a sensação de estar em uma posição de força? Fique ereto e ache uma posição que combine exatamente com essa sensação. Essa é, a partir de agora, sua pose poderosa pessoal. Encontre também uma versão sentada de sua pose poderosa.

A partir de agora, sempre que você se pegar no flagra no modo criança-sombra, adote sua pose poderosa para que seu corpo inteiro saiba que você está novamente no modo ego adulto. Se repetir esse processo com frequência, você condicionará seu corpo e seu cérebro de tal forma que a mera mudança de postura irá automaticamente melhorar seu humor.

Agora que já fortalecemos seu adulto interior e já regulamos sua criança-sombra, apresentarei a você sua criança-sol, que representa tanto seus recursos quanto uma visão clara do estado emocional desejado.

CAPÍTULO 27

DESCUBRA SUA CRIANÇA-SOL

A criança-sol é o símbolo das parcelas saudáveis da nossa personalidade, que carregamos dentro de nós tanto quanto as parcelas problemáticas. A criança-sol representa nosso potencial de alegria e diversão. Lembre-se de como era brincar quando criança, alegre e sem nenhuma preocupação. Lembre-se de como você via o mundo quando criança e que muitos de seus conceitos, como bonito e feio, certo e errado, nem existiam. As coisas simplesmente eram o que eram. Curiosamente, as pessoas que viveram experiências terríveis na infância também se lembram dessa leveza. Essa força é sua criança-sol. Ela é a soma de todas as características que fazem com que você seja vivaz, curioso e forte. Quando nos voltamos para sua criança-sol, queremos ver quais condicionamentos e características positivas você apresenta. E quando exploramos sua criança-sol, ganhamos acesso a seu potencial criativo e adulto com o qual você pode reformular suas atitudes e sua autoimagem hoje.

Da perspectiva da criança-sol, podemos transformar suas antigas crenças em crenças úteis e construtivas. Olharemos para seus pontos fortes e para suas fontes de energia pessoais, bem como transitaremos das estratégias de proteção para as estratégias de reflexão, que ajudarão você a construir relacionamentos felizes. Mas não se trata de praticamente recriar você do zero, pois já há muitas coisas boas e certas em você. Depois de analisarmos e mudarmos as atitudes e os comportamentos que atrapalham seu caminho e comprometem seus relacionamentos, nos dedicaremos às questões positivas, aos recursos que você já tem. Quero lhe mostrar, novamente com a ajuda de exercícios, como continuar desenvolvendo e fortalecendo o que há de positivo e leve em você.

Exercício: Boas lembranças da infância

Iniciaremos novamente com um pequeno exercício introdutório, que deverá ajudar você a se lembrar dos pontos positivos da infância. Responda às seguintes perguntas:

- Qual era sua brincadeira favorita?
- Que lugares você gostava de frequentar?
- Com quem você brincava?
- Qual era seu brinquedo favorito?
- Qual era sua comida favorita?
- Qual era seu cheiro favorito?
- Qual foi um dos momentos mais bonitos da sua infância?

Sinta o que suas lembranças positivas evocam em você e anote tudo no seu caderno de reflexões.

Exercício: Descubra suas crenças positivas

Trabalharemos agora com suas crenças positivas. Você precisará novamente de uma folha de papel (A4 ou maior) e de canetas coloridas para os exercícios a seguir.

Desenhe novamente a silhueta de uma criança. Ao contrário da criança-sombra, esta deve ser colorida, bonita e alegre. Esse é o modelo da sua criança-sol. Você encontrará um exemplo no verso da quarta capa do livro. A criança-sol é seu ideal emocional, por isso deve ser também esteticamente agradável, para ser uma fonte de motivação para você desejar novas experiências. Faça sua criança-sol bem bonita, como se você quisesse ganhar um concurso de desenho. Desenhe também rosto, cabelo e decore a folha como desejar.

Descobriremos agora suas crenças positivas. Faremos isso em dois passos: primeiro, veremos quais crenças positivas você herdou de seus pais ou cuidadores, e, em segundo lugar, inverteremos as crenças fundamentais encontradas em sua criança-sombra.

1. Crenças positivas da infância

Se sua relação com seus pais for boa e você desejar tê-los em sua criança-sol, escreva "mãe" e "pai" ou o nome dos seus cuidadores à direita e à esquerda da cabeça da sua criança-sol e reflita sobre as características positivas que eles tinham. Escreva o que eles faziam de bom.

Exercício de Júlia:

Mamãe era amorosa, cuidava de mim.
Papai era gentil e carinhoso.

Se sua relação com seus pais ou cuidadores foi ou ainda é difícil e você não desejar tê-los em sua criança-sol, deixe essa parte do exercício de lado ou anote as características positivas de seus pais em outra folha de papel. Na sua criança-sol, escreva somente as crenças positivas que você herdou deles.

Talvez você também tenha uma avó amorosa, uma vizinha simpática ou um professor compreensivo que tenha sido gentil com você na infância. Nesse caso, escreva o nome dessa pessoa ali.

Depois de anotar as características positivas das pessoas próximas, conecte-se com seus sentimentos. Quais crenças positivas você herdou delas? Para ajudar você, fiz uma lista de possíveis crenças positivas, apenas para fins ilustrativos.

- Sou amado(a).
- Tenho valor.
- Sou bom/boa o suficiente.
- Sou bem-vindo(a).

- Recebo o suficiente.
- Sou inteligente.
- Sou bonito(a).
- Tenho direito à alegria.
- Posso cometer erros.
- Mereço ser feliz.
- A vida é prazerosa.
- Posso ser eu mesmo(a).
- Posso incomodar às vezes.
- Posso me defender.
- Posso ter minha própria opinião.
- Posso ter sentimentos.
- Posso me diferenciar.
- Vou conseguir.

Se você tiver encontrado várias crenças positivas, escolha no máximo duas e escreva-as na área do peitoral do seu desenho. Queremos restringi-las um pouco, assim como fizemos com as crenças negativas, para que seja mais fácil trabalhá-las no seu dia a dia.

2. Invertendo suas crenças fundamentais

Pegue as crenças negativas que você identificou nas páginas 65 e 78. Agora vamos transformá-las em seu oposto positivo. Crenças como "Não tenho valor", ou "Não sou bom/boa o suficiente", são fáceis de inverter: "Tenho valor", ou "Sou bom/boa o suficiente". Outras são mais difíceis, pois não desejamos uma palavra negativa (como "não") nas crenças positivas. Por exemplo, no caso da crença "Sou responsável pela felicidade do meu parceiro", não queremos que a inversão seja "Não sou responsável pela felicidade do meu parceiro". O inconsciente tem dificuldade de processar o termo de negação, pois é difícil não pensar em algo. Se eu lhe disser agora que não pense em um balão rosa, você automaticamente pensará em um balão rosa. Assim, o oposto de "Sou responsável pela felicidade do meu parceiro" pode ser "Posso impor limites", "Posso fazer o que desejo", ou "Meus desejos e necessidades são tão importantes quanto os dos outros". Já a inversão da crença

"Sou um fardo" seria "Posso incomodar às vezes". Não temos como evitar a possibilidade de sermos um peso para os outros – quando adoecemos ou precisamos de ajuda, por exemplo. Da mesma forma, precisamos estar confortáveis para errar às vezes sem nos condenarmos nem nos odiarmos por isso. Assim, o saudável é termos a crença "Posso cometer erros".

Além disso, as crenças positivas devem ser formuladas de modo que possam ser aceitas. Para alguns, é difícil aceitar "Sou bonito(a)" como inversão imediata de "Sou feio(a)". Para essas pessoas, sugiro que formulem a crença como "Sou bonito(a) o suficiente", ou "Sou bom/boa o suficiente".

Você também pode limitar um pouco suas crenças para que fiquem mais fáceis de aceitar. Por exemplo, se você sentir que a crença "Sou importante" é exagerada e difícil de aceitar, experimente "Sou importante para meus filhos/amigos/pais". O objetivo aqui é formular suas crenças de forma que levem você a se sentir bem.

Anote suas crenças positivas na barriga da sua criança-sol.

Exercício de Júlia:

Sou boa o suficiente. Consigo caminhar com as próprias pernas.

Exercício: Argumentos para a criança-sol

Para que você consiga aceitar bem suas novas crenças, tente encontrar argumentos racionais a favor delas. Você verá que sua razão conseguirá confirmar as novas crenças muito melhor que as antigas. Lembrando: a razão quase sempre tem razão – nossos sentimentos são muito mais falhos. Para que você também consiga sentir as novas crenças, elas devem ser primeiramente "aprovadas" pela razão.

Recorrerei novamente ao exemplo de Júlia, que tinha as crenças negativas "Serei abandonado(a)" e "Não sou bom/boa o suficiente".

Exercício de Júlia:

1) Opostos positivos: "Consigo caminhar com minhas próprias pernas!"; "Sou boa o suficiente!".

Como oposto a "Serei abandonada de qualquer maneira", Júlia escolheu uma crença que fortalece suas capacidades autônomas e, com isso, afasta seu medo de ser abandonada. Se ela será abandonada ou não é algo que escapa ao seu controle, por isso uma crença positiva com o conteúdo "Roberto ficará comigo!" não seria adequada, pois somente Roberto pode decidir isso. As crenças positivas, portanto, devem necessariamente estar sob nosso controle. A nova crença de Júlia também poderia ser: "Posso me relacionar a qualquer momento" (por exemplo, com amigos) – essa crença enfatizaria o fato de ela poder construir seus relacionamentos de forma ativa, não de forma impotente e estando à mercê dos outros, como ela vivenciou na infância. Isso também fortaleceria suas capacidades autônomas.

Os argumentos de Júlia a favor da veracidade de "Consigo caminhar com minhas próprias pernas" são os seguintes: "Hoje sou adulta e posso cuidar de mim mesma. Não dependo de alguém que cuide de mim. Tenho todas as capacidades de que preciso para levar uma vida independente. Além disso, tenho muitos amigos e um relacionamento muito bom com alguns familiares. Consequentemente, sempre tenho pessoas à minha volta às quais posso recorrer quando precisar de ajuda ou de consolo."

Os argumentos de Júlia que sustentam sua nova crença "Sou boa o suficiente!" são: "Sou uma amiga sincera e leal. Sempre me esforço para evoluir. Tenho um bom emprego. Também não preciso ser perfeita, posso ter falhas e cometer erros e continuo sendo boa o suficiente, pois estou bem e posso ser exatamente como sou."

Assuma a posição do observador (a perspectiva do ego adulto) e encontre bons argumentos para suas novas crenças. Escreva-os em seu caderno de reflexões.

Exercício: Descubra seus pontos fortes e seus recursos

Além das crenças positivas, é importante que você tenha consciência de seus pontos fortes e seus recursos. Contam como pontos fortes características de personalidade e habilidades que costumam ser naturais para você, como bom humor, coragem e competência social. Chegou a hora de ser realmente generoso consigo mesmo. Deixe a modéstia de lado. Caso tenha dificuldade de dizer algo bom sobre si mesmo, imagine quais características positivas seus amigos ressaltariam em você. Ou simplesmente pergunte a eles.

Para ajudar você a encontrar seus pontos fortes, darei alguns exemplos ilustrativos:

- bem-humorado(a), sincero(a), leal, prestativo(a), inteligente, criativo(a), sociável, simpático(a), disciplinado(a), atraente, flexível, tolerante, engraçado(a), firme, generoso(a), culto(a), equilibrado(a), espirituoso(a), estável, divertido(a), cuidadoso(a), confiável, honesto(a), mente aberta, empático(a).

Escreva também seus pontos fortes no modelo da sua criança-sol.

Nos recursos, a intenção é resumir as fontes de energia ou circunstâncias de vida que lhe dão suporte ou força. Exemplos:

- Bons amigos, família, filhos, bom trabalho, dinheiro suficiente, saúde, natureza, música, um apartamento bonito, meu gato/cachorro, colegas de trabalho gentis, viagens, etc.

Escreva seus recursos em volta da sua criança-sol.

Exercício: Sinta sua criança-sol

Este exercício tem como objetivo ancorar a criança-sol integralmente em seus sentimentos, seu espírito e seu corpo. Você também pode pensar neste exercício como uma brincadeira – a criança-sol adora brincar!

Para esta brincadeira, o ideal é que você fique de pé. Coloque o desenho da sua criança-sol no chão diante de você. Perceba seu corpo com consciência, observando as sensações. Em seguida, direcione sua atenção para a área do peito e da barriga, que são o centro dos sentimentos.

1. Leia suas crenças positivas e conecte-se com seus sentimentos. Como você se sente ao enunciá-las?
2. Evoque uma situação de sua vida em que suas crenças positivas são ou

foram verdadeiras. Pode ser uma situação na companhia de amigos, no trabalho, praticando um esporte ou em uma viagem. Talvez ouvindo música ou em contato com a natureza. Você com certeza já viveu pelo menos uma situação em que sentiu suas crenças positivas refletidas na realidade.

3. Pense em seus recursos. Evoque-os com os sentidos (visão, audição, olfato, paladar) e sinta como eles lhe transmitem força.
4. Agora, volte-se para seus pontos fortes. Não apenas pense mas também perceba as sensações físicas desencadeadas quando você os diz em voz alta. Quais sentimentos eles despertam em você?
5. Perceba tudo junto: como seu corpo sente a criança-sol?

Mova-se pelo cômodo nesse estado interno e encontre sua postura da criança-sol. Sinta em todo o seu corpo as sensações de se encontrar nesse estado. Sinta com total consciência como sua respiração flui quando você está no modo criança-sol. Encontre um pequeno gesto que expresse esse sentimento. Deixe que ele surja em seu corpo. Esse gesto lhe servirá, no dia a dia, como âncora para evocar esse estado positivo sempre que você precisar. Uma cliente minha abriu espontaneamente a mão, formando uma espécie de concha relaxada, e essa posição da mão se tornou seu gesto da criança-sol.

Escreva os sentimentos positivos na região da barriga da criança-sol

Vamos fazer um exercício bônus. Permaneça no estado positivo da criança-sol e deixe surgir, a partir dessa sensação, uma imagem para esse sentimento. Talvez você veja o mar, talvez uma bela paisagem, talvez um parquinho ou um casebre na floresta – deixe sua criança-sol simplesmente presentear você com uma imagem. Permita-se se surpreender com o presente.

Anote na sua criança-sol uma palavra que represente essa imagem

Planeje-se para mudar para o modo criança-sol todos os dias e o maior número de vezes possível. Assim você estabelecerá novas conexões cerebrais, isto é, treinará sua consciência da mesma forma que ao aprender uma nova sequência de movimentos. Desse modo, sua criança-sol se tornará cada vez mais parte de você. Por meio das repetições, ela se tornará um tipo de hábito em seus pensamentos e sentimentos.

Você pode se aproximar cada vez mais do sol.

Da criança-sol para a perspectiva do observador

No exercício das três posições da percepção, experimentamos como separar seu ego adulto de sua criança-sombra e, com isso, obter uma visão lúcida de seus problemas. Vale lembrar que a base de qualquer mudança é se pegar no flagra no modo criança-sombra e mudar conscientemente para o ego adulto. Por meio da criança-sombra, você pode, além disso, se transferir para um bom estado de espírito instantaneamente, o que permite observar o mundo e seus desafios de uma forma completamente diferente.

Recomendo que você saia neste momento do modo criança-sol e mude para a posição do observador. Mergulhe com todos os seus sentidos na sua criança-sol, como acabamos de praticar, e observe seu problema da perspectiva do observador, no estado da criança-sol (pode ser o problema que você analisou nas três posições da percepção). Ou pense em Júlia, que não sabe o que fazer para se reaproximar de Roberto. Se tivesse observado esse problema da perspectiva da criança-sol, talvez Júlia tivesse sentido vontade de sorrir e pensado algo como: "Caramba, como nossos sentimentos complicam as coisas. Mas o bom é que podemos parar esse processo. Começarei a fazer isso agora mesmo."

É claro que você também pode perceber sua criança-sombra como tal da perspectiva do observador da criança-sol. Nossos problemas assumem um aspecto completamente diferente quando os observamos a partir de um bom estado de espírito e de uma postura de reconciliação com nós mesmos. Quando estamos bem, tudo é muito mais simples e nossas preocupações se dissolvem no ar. Observe, a partir de sua criança-sol, quão *bom* você é e que suas crenças negativas não têm nada a ver com sua realidade atual, mas exclusivamente com eventos passados. Talvez você também consiga banhar sua criança-sombra internamente com a luz do sol e lhe assegurar que você sempre estará ao lado dela.

CAPÍTULO 28

DESCUBRA SUAS ESTRATÉGIAS DE REFLEXÃO

As estratégias de reflexão são a antítese das estratégias de proteção. Elas representam comportamentos construtivos que esclarecem e estabilizam nossos relacionamentos. Trata-se da implementação concreta das crenças positivas, por meio do comportamento. As estratégias de reflexão são a resposta à pergunta "Em que posso melhorar?". Apresentarei a seguir as estratégias de reflexão gerais, que se aplicam tanto a crianças-sombra autônomas quanto a crianças-sombra adequadas. Em seguida, apresentarei estratégias de reflexão específicas para crianças-sombra adequadas, que precisam aprender a ser mais autônomas, bem como estratégias específicas para crianças-sombra autônomas, que precisam aprender a se adequar e se conectar mais.

Estratégias de reflexão gerais

As seguintes estratégias de reflexão funcionam tanto para crianças-sombra adequadas quanto para crianças-sombra autônomas.

Assuma a responsabilidade e diga sim à vida

"Sim, é assim que são as coisas", "Sim, minha criança-sombra se sente inferior muitas vezes", "Sim, muitas vezes sou invejosa", "Sim, na verdade minha mãe não me desejou". Enquanto não aceitamos a realidade como ela é, nos encontramos no estado de resistência. E a resistência é justamente o que mais nos rouba energia. A aceitação afirmativa da realidade é uma postura com raízes no budismo e que foi aos poucos integrada à psicologia nos últimos vinte anos. Há dois princípios subjacentes a essa aceitação da realidade:

1. Só posso resolver problemas que eu reconheço como tais.
2. Aceitar uma realidade me traz tranquilidade; a resistência provoca tensão.

O mero fato de encontrar uma postura de aceitação já faz com que se dissipe parte da tensão e, com isso, do problema. Já vimos isso no exercício "Pegue sua criança-sombra pela mão" (página 170). No momento em que assumo para mim mesmo que "Sim, é assim que são as coisas", sentimos certo alívio. Esse princípio pode ser aplicado a qualquer problema, inclusive a pequenas aflições do dia a dia. O psicólogo Jens Corssen, que também dissemina esse princípio, recomenda a todos que estejam presos em um engarrafamento, por exemplo, que digam a si mesmos: "Comprei um carro e, ao fazer isso, aceitei o risco de ficar parado em engarrafamentos. Ficar preso no engarrafamento é uma escolha minha!" É realmente tranquilizador acolher e aceitar certas circunstâncias que não podemos mudar. Custa-nos muita energia de raiva quando nos irritamos com tudo e todos. Isso, aliás, nos leva ao tema seguinte: assumir a responsabilidade por você e por seus sentimentos.

Todos nós tendemos a projetar nosso estresse e outros sentimentos negativos em circunstâncias externas. Se estamos de mau humor, a culpa é do nosso parceiro mal-humorado. Se não temos um minuto de paz, o problema são as crianças. A caixa do supermercado esgota nossa paciência, o clima feio nos coloca para baixo, e assim por diante. Como ficariam todas essas preocupações cotidianas se adotássemos a postura de dizer sim à vida e assumíssemos a responsabilidade por nossos sentimentos?

O ato de assumir a responsabilidade começa com a decisão. Preciso tomar consciência de que grande parte dos eventos da minha vida resulta de decisões minhas. Olhando dessa perspectiva, os problemas anteriores podem ser vistos da seguinte forma: 1. Escolhi esta parceira. Posso contribuir de alguma forma para que ela melhore? Caso não possa, isto é, caso ela seja uma mal-humorada incurável, ainda me resta a opção de deixá-la. Caso não possa deixá-la neste momento, procurarei formas de fazer com que isso seja possível um dia. 2. Não é a caixa do supermercado que esgota minha paciência, mas a situação que aconteceu, e talvez ela nem tenha controle sobre o ocorrido. Além disso, todo mundo erra, inclusive eu. Posso ser mais compreensivo com ela. 3. Está chovendo, mas a chuva é um evento climático normal e esperado; cabe a mim lidar com o mau tempo e planejar como aproveitar o dia chuvoso.

Encontre a postura de dizer sim à vida diante dos problemas – isso sozinho já reduz o peso dos problemas à metade. Sempre digo a meus clientes que existe a parte A do problema e a parte B. A parte A é, por exemplo, ter ataques de pânico quando dirijo sozinha, e a parte B seria pensar que sou patética porque sofro ataques de pânico ao dirigir sozinha. A parte B do problema é minha postura frente ao problema.

Muitas pessoas se colocam para baixo diante dos problemas. Não raro, a parte B é mais desgastante que a parte A, podendo inclusive impedir a solução do problema – quando a pessoa sente tanta vergonha do problema que não busca ajuda, por exemplo. Basta sofrer a parte A. Você pode se permitir a parte B ou dissipá-la em acolhimento amoroso. Isso poderia se dar da seguinte forma, em relação ao exemplo anterior: "Ah, minha pobre criança-sombra sofre de ataques de pânico, pois tem a sensação de não conseguir caminhar com as próprias pernas e anseia pela mão da mamãe." Com isso, a parte B tende a se reduzir, ou o adulto assume a responsabilidade pela parte A quando decide: "Eu (seu adulto amoroso) cuido de você e garantirei que você não sinta mais medo em breve, pois dissolverei seus condicionamentos da infância."

Tente adotar uma postura amistosa e afirmativa em relação a seu problema, bem como assumir a responsabilidade por ele. Escreva seus pensamentos a respeito disso no seu caderno de reflexões.

Dissolva sua projeção e encontre uma meta-atitude

No capítulo "Fortaleça seu ego adulto", você já teve acesso a alguns exercícios para dissolver as projeções de sua criança-sombra. Repito: trata-se de identificar os condicionamentos criados na sua infância e não se deixar mais levar por eles. Se você tiver reconhecido, por exemplo, que sua criança-sombra dispõe de uma estrutura básica depressiva por ter vivido muito desamparo na infância, é crucial desfazer essa projeção antiga tornando-se consciente, com o auxílio da razão, de que hoje você é uma pessoa adulta e capaz de seguir sua vida. Você deve ampliar esse reconhecimento, de certo modo, para uma chamada *meta-atitude*.

Uma meta-atitude é como uma decisão prioritária que tem por objetivo evitar que eu precise tomar uma decisão nova para cada situação. Quando reconheço que minha criança-sombra, em seu traço depressivo, tende a ver as coisas de forma negativa, posso tornar claro para mim, em um nível superior, que se trata de uma distorção da realidade que não devo tomar como base de minhas decisões. Assim que eu me pegar no flagra me perdendo em cenários negativos novamente, preciso *mudar* e tomar consciência de que é minha voz depressiva e ansiosa que cria essas fantasias. A partir da calma do ego adulto, posso então lidar com a pergunta sobre quais *argumentos* falam a favor de que realmente tudo vai dar errado, e caso haja argumentos a favor de tal cenário, a próxima pergunta deve ser "Eu sobreviveria a isso?", ou "Qual é a pior coisa que poderia acontecer?".

Outro exemplo: se Roberto tomasse consciência de que sua sensação crônica de que Júlia quer cobrá-lo é uma projeção de sua mãe nela, ele poderia instalar esse reconhecimento como meta-atitude em seu cérebro. A formulação poderia ser algo como:

"Sua criança-sombra acredita que Júlia deseja cobrar você da mesma forma que sua mãe sempre determinou sua vida. Você não é mais um menino e você tem os mesmos direitos que Júlia. Não precisa se afirmar o tempo todo como um menino rebelde para lutar por autonomia. O desejo de Júlia de mais intimidade e compromisso é justificado, e você pode atendê-lo de forma *voluntária*."

Júlia, por sua vez, poderia chegar à meta-atitude de que sua criança-sombra implora por reconhecimento e afeto o tempo todo e que é despropositado esperar isso justamente de Roberto, que tem medo de compromisso e cuja criança-sombra está condicionada pela mãe. Ela deveria compreender que seu valor independe do comportamento de Roberto. Ela poderia se propor o seguinte, nesse nível superior:

"Se Roberto entrar novamente no modo criança-sombra e me fizer críticas sem sentido, vou erguer internamente um muro de vidro entre mim e ele e deixarei o comportamento dele com ele."

Encontre uma meta-atitude para as projeções de sua criança-sombra e anote-a no caderno de reflexões.

Curta a vida

Pessoas que deixam seus pensamentos e sentimentos a cargo da criança-sombra costumam conhecer apenas dois estados: ou se sentem estressadas e exaustas ou cansadas e entediadas. Sofrem de anedonia, que é a perda da satisfação nas atividades do dia a dia. Sua criança-sombra está convencida de que o mundo exterior é perigoso e que há apenas rejeição e fracasso por toda parte. Elas quebram a cabeça com todos os cenários de terror possíveis, não conseguindo aproveitar os bons momentos. O perfeccionismo é frequentemente uma de suas estratégias de proteção, o que faz com que não consigam aproveitar as coisas. Essas pessoas só se permitem descansar quando têm algum problema de saúde. Tendo em vista que o estresse enfraquece o sistema imunológico, muitas também adoecem com frequência. Assim, passam a vida doentes e estressadas.

O que fazer? Pegue-se no flagra e mude! Enquanto eu estiver preso no modo criança-sombra, acredito realmente no que penso e sinto. O primeiro passo, portanto, é reconhecer que meus medos não são realistas. É para isso que servem todos os exercícios que apresentei no capítulo "Fortaleça seu ego adulto". O segundo passo é encontrar também uma meta-atitude para isso, a qual possa deixar claro para você que sua postura avessa à diversão não faz sentido. Ela não leva nada de bom a ninguém, especialmente a você. Meu pai, que infelizmente já faleceu e que gosto de citar nesse trecho, sempre dizia: "A quem serve a vida ruim?" Redireciono essa pergunta a você. Tome consciência de que você é uma pessoa melhor quando está de bom humor, pois somos mais mesquinhos e agressivos quando estamos estressados. No estado estressado, trazemos pouco bem-estar a nossos pares. Quando nos sentimos assim, todos são "idiotas". Quando estamos bem-humorados ou até mesmo apaixonados, por outro lado, perguntamos a nós mesmos onde todos os idiotas se esconderam do nada. Subitamente vemos o mundo exterior com lentes cor-de-rosa. Isso mostra quão fortemente projetamos nossos estados emocionais no mundo exterior. Veja como um dever pessoal garantir que você tenha diversão, alegria e relaxamento.

O prazer e a diversão também contribuem para um relacionamento saudável. Casais que têm filhos, acima de tudo, costumam trabalhar de mais e ter lazer de menos. Mas há alguns condicionamentos pessoais que agravam o problema. Reflita com seu parceiro se vocês ainda cuidam o suficiente da relação ou se a alegria do casal desapareceu. Pensem sobre o que podem fazer para voltar a sentir essa alegria. A maioria dos casais que não sente mais muita alegria juntos se deixou levar pela rotina maçante. Eles em geral se enredam em lutas por poder, nas quais um acusa o outro da perda do equilíbrio entre dar e receber na relação. Não raro são as mulheres que têm a sensação (geralmente justificada) de que carregam nas costas a maior parte do trabalho doméstico e dos cuidados.

Se esse for o seu caso, recomendo que vocês reservem algum tempo para falar sobre o equilíbrio entre dar e receber na relação. Mas não se percam em críticas e acusações. Concentrem-se em resolver o problema. Como vocês podem aliviar um ao outro? Podem recorrer a ajuda externa para os cuidados da casa e das crianças? Reservem horários específicos e anotem-nos na agenda para estarem disponíveis um para o outro como casal ou para fazerem algo divertido em família. Tenham sempre em mente que vocês são parceiros, pais, amigos, profissionais e basicamente pessoas melhores quando têm tempo para diversão e relaxamento na vida. Portanto, seria bom incluir diversão na agenda da mesma forma que fazem com qualquer atividade obrigatória.

Só que a própria estrutura do nosso cérebro foca as coisas negativas e os problemas. Foi isso que garantiu nossa sobrevivência durante a evolução humana, e, infelizmente, nosso software cerebral ainda não se adequou aos tempos modernos. O resultado é que, quando pensamos, não podemos deixar nosso cérebro à mercê de si mesmo e de automatismos; precisamos sempre intervir com nosso ego adulto de forma consciente. Isso significa que toda vez que nos pegarmos no flagra com pensamentos pessimistas, precisamos dizer de imediato "pare" e nos concentrar em pensamentos que elevem nosso estado de espírito. O que está dando certo em minha vida? De que posso ter orgulho? Quem eu amo? Quem me ama? Quais são os meus pontos fortes? Por quais coisas devo ser grato? Essas são as perguntas e respostas nas quais nosso cérebro não costuma pensar, por isso precisamos lhe dar uma mãozinha. Providencie estímulos à reflexão. Pessoas com uma autoestima saudável e cuja criança-sol vem à tona com frequência fazem isso de forma natural. Um de seus segredos para o sucesso é elas se reerguerem após um fracasso, lembrando-se de tudo que já conseguiram na vida e tudo que sabem fazer bem.

A pergunta sobre as coisas pelas quais você deveria ser grato também deve ter um grande destaque em seus pensamentos. Quando nos mantemos no papel de vítima, perdemos facilmente qualquer proporcionalidade na avaliação de nossa sorte.

É crucial tomar consciência de que somos os criadores de nossa realidade e de que podemos obter mais alegria de viver com pequenos esforços mentais. Isso também significa, ainda que possa soar banal, que você deveria aproveitar as pequenas alegrias na vida de forma muito mais consciente. Pessoas estressadas que agem no piloto automático nem ao menos percebem mais o que comem e bebem ou a beleza a ser admirada à sua volta. Somente quando acabam na terapia com síndrome de burnout é que reaprendem a realmente sentir o gosto da comida e a reativar os sentidos. Se você perceber que reprime seus desejos e necessidades a ponto de já nem senti-los mais, abra os olhos e ative os sentidos para o belo. Empenhe-se para que seu apartamento e sua área de trabalho sejam agradáveis (na medida do possível, é claro). O ambiente afeta nossa disposição interna.

Rir nos faz felizes e traz nossa criança-sol à tona em segundos. Não espere por algum acontecimento que faça você rir, busque ativamente a alegria. Em vez de ficar irritado no engarrafamento, aproveite para ouvir um bom podcast de comédia.

Estratégias de reflexão em prol da autonomia

Aprenda a se diferenciar e seja você mesmo

As estratégias de reflexão a seguir se direcionam principalmente a pessoas cuja criança-sombra tenta se adequar demais e que precisam, portanto, exercitar a autonomia. Resumidamente, o objetivo é sentir melhor as próprias necessidades e saber se defender. Isso inclui aprender a gerenciar conflitos, o que também fortalece a convicção de que você é capaz de caminhar com as próprias pernas. Ao trabalhar esses aspectos, você se tornará cada vez mais independente da aprovação e do afeto dos outros.

Como vimos, por trás de uma criança-sombra excessivamente autônoma pode se esconder uma criança-sombra hiperadequada. É assim que os autônomos pensam, por exemplo, que precisam satisfazer todas as expectativas existentes para serem amados, mas esse pensamento evoca rebeldia e resistência neles e ativa sua antiprogramação: "Não preciso porcaria nenhuma!" Tais pessoas não vivem uma autonomia saudável e verdadeira, mas uma pseudoautonomia que se baseia em isolamento e autoafirmação. Por essa razão, é importante para muitas crianças-sombra hiperautônomas trabalhar primeiro as "Estratégias de reflexão em prol da autonomia", descritas aqui, para alcançar uma autonomia *saudável*. Caso ela seja obtida, a pessoa consegue se entregar muito melhor à aventura de um relacionamento, pois aplica a força da capacidade interna de diferenciação, não precisando mais estabelecer uma barreira tão forte no exterior.

Capacidade interna de diferenciação significa sentir que você tem valor, sentir a si mesmo, saber se defender e construir seus relacionamentos junto do outro. São essas convicções e capacidades que vamos exercitar em seguida. Tendo em vista que poderíamos escrever um livro sobre cada um dos títulos a seguir, fui sucinta para não sobrecarregar você com informações. Aqui você terá um guia.

Dê importância a si mesmo

Isso pode soar extremamente banal, mas é verdade que crianças-sombra hiperadequadas não dão importância às próprias necessidades, pois isso atrapalharia seu processo de adequação. Se elas começassem a dar importância a si mesmas, precisariam se diferenciar com mais frequência, e é justamente isso que desejam evitar. Essa profunda necessidade de harmonia impede sua autorrealização. Elas querem estar sempre em uma posição confortável, mas já expliquei como essa postura geralmente só garante harmonia a curto prazo quando falei sobre a estratégia de proteção da obsessão por harmonia.

Portanto, se você deseja se tornar mais autônomo, deve inicialmente tomar a decisão fundamental de dar importância a si mesmo, a seus desejos, convicções, sentimentos, ideias e objetivos. Eles precisam ser, no mínimo, tão importantes para você quanto os dos outros ou de seu parceiro. Assuma a responsabilidade por seus desejos e necessidades e não espere que seu parceiro as descubra por telepatia. É responsabilidade sua defender seus interesses. Se cada um de nós assumir a responsabilidade pelos próprios desejos, ninguém precisará ler os pensamentos do outro e poderemos conviver de forma sincera e justa.

Abra os olhos

Se você quiser ter mais autonomia, pare de reprimir as coisas. A repressão é uma das estratégias de proteção mais importantes para que você tenha intimidade com as pessoas. Você busca segurança na conexão, mas sua criança-sombra é assolada pelo medo de ser rejeitada e abandonada, por isso você evita ver o lado negativo das pessoas, para não enxergar nada que separe você delas. Você provavelmente também ainda não se separou realmente de seus pais, mesmo que eles já tenham morrido. É provável que você ainda satisfaça as expectativas deles. Ou então você tomou a decisão consciente de agir de forma diferente de seus pais mas internamente ainda anseia por seu incentivo e reconhecimento. Ainda assim, com certeza seus pais também cometeram acertos e lhe transmitiram bons valores e exemplos. Talvez você possa reservar algum tempo para refletir sobre quais crenças, atitudes e comportamentos você recebeu deles. Então *você* poderá decidir quais desses valores deverão permanecer em sua vida e quais deseja mudar, pois não lhe pertencem. Tente formar uma opinião *unicamente sua*. Assuma a terceira posição da percepção, ou seja, a do ego adulto, e observe seus pais e a si mesmo de fora para encontrar um posicionamento próprio.

Faça esse exercício também para outros relacionamentos importantes. Se você tiver um parceiro que não o trata bem, tente criar uma *imagem realista* dele e da relação de vocês. Abra os olhos, ou, em outras palavras, pare de se enganar. Você conseguirá fazer isso quando analisar seu relacionamento a partir da terceira posição da percepção, na qual você imagina ser o juiz desse "caso". Escreva em seu caderno de reflexões o resultado dessa análise e o conselho que você daria a si mesmo se fosse seu próprio coach.

Crianças-sombra hiperadequadas costumam se encontrar na segunda posição da percepção, ou seja, se identificam mais com as necessidades do outro que com as próprias. Treine intensivamente sua capacidade para sempre assumir novamente a primeira e a terceira posições da percepção, como recomendo no exercício "As três posições da percepção".

Sinta a si mesmo

Quando você busca se adequar, geralmente sua atenção se concentra no outro. Você perde contato consigo mesmo, e é por isso que só consegue se sentir de verdade quando está só. É crucial, portanto, que você perceba a si mesmo, pois somente assim poderá sentir a barreira entre o eu e o você, da qual tanto precisa para ancorar-se em si mesmo.

A forma mais fácil de entrarmos em contato com nós mesmos é prestarmos atenção em nossa respiração: Simplesmente feche os olhos e foque sua respiração. Você não precisa mudá-la ou guiá-la, somente percebê-la.

Os exercícios a seguir devem ser feitos de olhos fechados. Por isso leia-os rapidamente antes de começar.

Exercício: Acalmando a criança-sombra irritada

Feche os olhos e se concentre na respiração, de forma relaxada. Em seguida, pense em uma situação na qual você tenha se irritado muito com alguém. Se tiver um parceiro, você pode pensar em um aborrecimento que teve com ele. Agora traga essa situação à consciência da forma mais intensa que conseguir e se permita sentir sua raiva. (Você também pode fazer esse exercício pensando em uma situação de tristeza ou em outras emoções desconfortáveis, se preferir.) Sinta sua raiva (tristeza, vergonha, etc.) de forma consciente, direcionando sua atenção para seu interior. Em geral, em vez de nos concentrarmos em nossos sentimentos, nos concentramos no exterior, no objeto da raiva (nosso parceiro, por exemplo). E também tentamos mitigar ou dissolver nosso sentimento no exterior – buscando vingança, desvalorizando o outro, etc. Se quisermos entrar em contato verdadeiro com nossos sentimentos, porém, precisamos investigá-los em nosso interior. Se fizer isso, você talvez perceba que a raiva não resulta das ações do seu parceiro, e sim de sua criança-sombra, que atribui um significado negativo a essas ações. Tal significado pode se resumir às crenças da sua criança-sombra. Quando você rastreia e investiga esse sentimento, você não é mais a raiva, mas o observador de sua raiva, e com isso você já se afastou um pouco da primeira posição (perspectiva de campo, criança-sombra, identificação total com o sentimento) e se deslocou para a terceira posição (observador, ego adulto). De lá, você consegue assumir uma postura compassiva e até mesmo empática com sua criança-sombra raivosa, ao criar compreensão por ela. Assim você pode consolá-la, como aprendeu na seção "Pegue sua criança--sombra pela mão". Quando você toma a criança-sombra raivosa pela mão e lhe dá espaço internamente, ela se acalma e a emoção se dissipa. Quando reconhece sua parcela na raiva, você pode assumir a responsabilidade pela situação e pelo sentimento e encontrar maneiras apropriadas de lidar com a pessoa em questão.

O caminho mais rápido para os sentimentos é por meio da respiração. Várias vezes durante o dia, direcione sua atenção à respiração e sinta quais emoções se manifestam em você. A meditação, aliás, é uma boa forma de ter contato com seu interior, mas exercícios para uma consciência corporal mais elevada também podem ser de grande auxílio.

Decida e aja

Pessoas hiperadequadas têm dificuldade com a tomada de decisões, pois praticaram pouco focar a atenção em si mesmas. É por isso que antecipei as seções "Dê importância a si mesmo", "Abra os olhos" e "Sinta a si mesmo", pois são um pré-requisito para fortalecer a capacidade de tomar decisões.

Vale lembrar que pessoas hiperadequadas preferem deixar a vida simplesmente acontecer a construí-la de forma ativa. Quando aprende a sentir a si mesmo, você também tem mais facilidade para tomar decisões e, assim, construir sua vida e seus relacionamentos de forma consciente. O próximo exercício ajudará você nesse aspecto. Leia as instruções antes de começar, pois você precisará fechar os olhos.

Exercício: Apoio sensorial para a tomada de decisões

Feche os olhos e direcione sua atenção à respiração.

1. Pense em uma situação real ou imaginada (por exemplo, a viagem de seus

sonhos) da qual você seja totalmente a favor e perceba as sensações que se instauram em seu corpo. Preste atenção na manifestação física desse sentimento positivo de afirmação. Você pode sentir um formigamento, uma sensação aconchegante na barriga, uma respiração profunda, etc. Aproveite essa sensação por um momento. Depois abra os olhos devagar, respire fundo e sacuda os braços de leve para retornar ao aqui e agora.

2. Feche novamente os olhos e pense em uma questão sobre a qual você tenha certeza de que discorda (por exemplo, um posicionamento político) e sinta-a em seu corpo. Mapeie também suas sensações antes de retornar ao aqui e agora, inspirando fundo, soltando todo o ar e se mexendo. Você também pode se espreguiçar para finalizar o exercício.

Ao praticar esse exercício algumas vezes, você saberá identificar melhor se é a favor ou contra algo. A partir de agora, quando precisar tomar uma decisão, perceba como seu corpo se manifesta. Você percebe mais sensações a favor ou contra?

Nossos instintos são maus conselheiros quando surgem da criança-sombra, por isso é tão importante dissolver nossas projeções. Mas como determinar se um sentimento vem da criança-sombra ou se é saudável e correto? Para isso, assuma a perspectiva do observador, ou seja, seu ego adulto, e analise a partir dessa ótica a parcela de criança-sombra existente em seu sentimento tal como expliquei no exercício "As três posições da percepção" (página 164). Quando meus clientes assumem a perspectiva do ego adulto, eles rapidamente obtêm uma percepção nítida do que é certo e do que é errado, o que significa que conseguem facilmente analisar as parcelas de sua criança-sombra.

A incapacidade de tomar uma decisão costuma resultar de uma constante confusão entre criança-sombra e razão. Quando esses estados se misturam dentro de nós, dizemos frases como: "Racionalmente, tudo isso faz sentido, mas..." Isso significa que o adulto sensato sabe o que deve ser feito, mas a criança-sombra sempre reclama e interfere. Por isso é tão importante separar esses estados.

Quando você tomar uma decisão, coloque-a em *prática*. Muitas pessoas não conseguem transformar uma decisão em ações, o que é tão útil quanto se não tivessem tomado decisão nenhuma. Nada de bom acontece se não executarmos o que temos em mente. O bloqueio do movimento advém ou de um *conflito pós-decisão* ou da *apatia*. O conflito pós-decisão é continuar em dúvida mesmo depois de tomar uma decisão efetiva. O medo do fracasso e da rejeição anestesiam o entusiasmo com a escolha feita. Pessoas hiperadequadas costumam buscar uma decisão 100% correta, mas isso só acontece em casos extremos. Se chegarmos a 80% de certeza, isso já é suficiente para agir. Tente imaginar o que pode acontecer no pior dos casos se você tomar o caminho errado. A maioria das decisões pode ser revertida, o que inclui a escolha do parceiro. Como vimos, é comum que pessoas com medo de compromisso acreditem que não poderão se separar nunca caso digam sim, mas isso é mera projeção de sua infância, em geral desencadeada por uma mãe excessivamente rígida. Mais uma vez, é preciso reconhecer a presença da criança-sombra, tirar dela a liderança e libertá-la de seus medos.

E o que fazer com a apatia? Você tem o objetivo claro, por exemplo, de fazer exercício três vezes por semana, mas não faz. Como é comum acontecer com muitos problemas que temos na vida, aqui também há um componente genético. Além de nosso sistema de atividade, também temos um *programa de economia de energia*, que é responsável por nos levar a descansar e distribuir nossa energia de forma inteligente. A preguiça ou apatia, portanto, são parte de nós da mesma forma que a atividade. E ambos os estados têm um efeito de autorreforço: quanto mais ativo sou, mais prazer tenho na atividade, e quanto mais parado fico, mais parado quero ficar. É a lei da inércia.

Se suas boas intenções sempre acabam se perdendo por causa da preguiça, decida conscientemente que deseja, por exemplo, fazer mais atividade física e que o fará regularmente (meta-atitude!). Em seguida, estabeleça horários fixos. Dessa forma você não passa repetidamente pelo dilema de imaginar se está com preguiça naquele momento para correr ou fazer yoga.

Não me canso de indicar em meus livros que alcançamos nosso desempenho ideal quando estabelecemos uma estrutura em nosso dia-a-dia. Essa estrutura deverá conter tanto atividades quanto tempo livre. Se você deseja fazer algo regularmente, portanto, integre essa atividade de forma efetiva à sua estrutura diária e semanal. Assim que você iniciar e certa rotina se estabelecer, você terá mais facilidade para manter essa estrutura. Caso você seja um procrastinador crônico, olhe para sua criança-sombra e seu medo de fracassar, pois geralmente eles são a verdadeira raiz do problema. Lembre-se de que procrastinar demanda muito mais energia e tempo que simplesmente resolver algo. Você pode evitar e procrastinar 24 horas por dia, enquanto realizar uma tarefa toma um período de tempo bem limitado. Se você já tiver uma montanha de coisas não resolvidas diante de si, planeje resolver todos os dias alguma coisa dessa montanha – "alguma coisa" pode ser um pequeno passo de uma tarefa grande, como dar o primeiro telefonema. Com o primeiro passo, a "montanha gigante" perderá seu efeito paralisante.

Lembre-se: qualquer decisão é melhor que não sair do lugar.

Discuta e argumente

Quando você conseguir se decidir, isso não significa necessariamente que essa decisão agradará às pessoas à sua volta, inclusive seu parceiro. Por isso você também precisa saber defender sua decisão. Isso é o pior dos horrores para crianças-sombra adequadas – elas precisam se desenvolver bastante nesse sentido. Há inúmeros livros que ensinam a se impor, convencer as pessoas, argumentar e tudo mais. Tendo em vista que neste livro já trago muitas informações mais amplas, abordarei essa questão específica rapidamente e apresentarei apenas uma estratégia, que é fácil de implementar e realmente funciona.

O aspecto mais importante é – como em muitas situações na vida – a *postura interna* com a qual olhamos para nosso "parceiro de conflito". Pessoas cuja criança-sombra costuma se sentir inferior têm um medo notório de acabar em uma posição inferior. Inferior/superior e ganhar/

perder são as categorias nas quais essas pessoas pensam. Mas, nesse caso, você precisa se pegar no flagra e mudar: entre no modo ego adulto e reconheça, a partir da posição do observador, que você e seu parceiro (ou parceiro de conflito) estão em pé de igualdade. Estabeleça uma meta-atitude: isso não é uma luta por poder, mas uma busca de solução. Você ainda pode fazer, no ego adulto, um "upgrade" para o modo criança-sol, conectando-se conscientemente com seus pontos fortes e seus recursos. Dessa forma, você se coloca não apenas na posição do ego adulto mas ainda por cima em um estado de espírito positivo e potente. No modo criança-sol, você pode inclusive observar seu parceiro de conflito com benevolência – afinal, ele também tem um objetivo e uma criança-sombra.

Antes de ler os próximos passos, verifique, a partir da perspectiva do observador, quais parcelas da sua criança-sombra poderiam sobrecarregar a relação com seu parceiro de conflito. Você se sente superior ou inferior a ele? Será que tem inveja dele? Caso desconfie dele, observe se existem fatos que justificam sua desconfiança ou isso seria, mais uma vez, sua criança-sombra em ação?

1. Reflita sobre os argumentos a favor de sua posição ou intenção, de preferência por escrito.
2. Pense em quais argumentos o outro pode apresentar contra a sua decisão.
3. Caso o outro tenha argumentos melhores, dê razão a ele, pois assim o conflito se resolve. Caso não sejam melhores, defenda sua posição.
4. Busque ou até mesmo crie uma situação para abordar o conflito. Não espere um momento ideal, que surja naturalmente. Antes de conversar, entre com plena consciência no modo criança-sol. Caso não consiga, acione o ego adulto.
5. Apresente seu ponto de vista e escute com atenção o que o outro tem a dizer. Caso ele traga bons argumentos que convençam você espontaneamente, dê razão a ele. Se você estiver inseguro, peça tempo para refletir. Se tiver certeza de que seus argumentos são mais fortes, mantenha seu ponto de vista ou entre em um acordo, estabelecendo um meio-termo se for possível.

Lembre-se sempre de que é muito melhor e mais fácil enfrentar qualquer coisa, inclusive problemas difíceis, em um estado de espírito positivo. Seu ponto de vista não perderá seu poder de convencimento se você apresentá-lo de forma amistosa. E saiba que você pode pedir um tempo para refletir a qualquer momento. Pessoas inseguras em especial, mas também pessoas introvertidas, precisam organizar os pensamentos antes de tomar decisões.

Aprenda a dizer não

Crianças-sombra hiperadequadas querem agradar e satisfazer todas as pessoas, daí sua dificuldade de dizer um não sincero. Em virtude da percepção distorcida de sua criança-sombra, projetam no outro uma grande decepção quando se afirmam. Elas se esforçam e se antecipam para satisfazer discretamente as expectativas alheias. Porém as pessoas que aprendem a dizer não de vez em quando costumam se dar conta, repetidamente, de que nada de ruim acontece e que, inclusive, o outro muitas vezes compreende sua decisão. Isso deveria fazer você refletir.

Analise mais uma vez sua dificuldade de dizer não em relação à sua infância – como ela se relaciona com suas experiências com sua família ou outras pessoas? Tente compreender exatamente a parcela de sua criança-sombra.

A meta-atitude que poderia ajudar você a assumir mais responsabilidade por seus desejos e necessidades é se tornar muito mais transparente e palpável para seu parceiro e para as pessoas em geral. Isso vai facilitar o relacionamento, pois é um grande alívio para as pessoas ao seu redor saber como você se sente. Ao contrário do que pode parecer, a obsessão por harmonia na verdade desgasta e até mesmo destrói relacionamentos.

Tenha consciência, portanto, de que você precisa assumir mais responsabilidade por si mesmo. E quando isso acontecer, o outro necessariamente precisará assumir menos responsabilidade por você – o que será um alívio!

Recorra também à estratégia de se pegar no flagra e mudar. Entre no modo criança-sol ou ego adulto e reflita, da perspectiva do observador, se o outro teria motivos justificados para culpar você por lhe negar um pedido ou propor mudar um acordo. Você não precisa assumir a responsabilidade por tudo. Pessoas com traços narcisistas em especial se ofendem depressa ao ouvir um não. Não se deixe manipular por reações desse tipo. Avalie, com base na razão de seu ego adulto, qual parcela de responsabilidade cabe ao outro nessa situação. Você não é responsável pela criança-sombra de seu interlocutor. Se uma pessoa ficar ofendida ou irritada quando você fizer uso de seu direito de dizer não, isso é problema *dela*. Nesse caso, ela precisa lidar com a própria criança-sombra – a não ser que, como no nosso exemplo de Roberto, você se encontre com frequência no polo da autonomia e negue pedidos justos. Crianças-sombra que são internamente rebeldes com frequência podem se diferenciar muito intensamente ou são pura e simplesmente não confiáveis por lidarem mal com as expectativas do outro. Você encontrará estratégias de reflexão adequadas na seção a seguir. Se constatar, a partir da perspectiva do ego adulto, que alguém ficaria decepcionado por motivos compreensíveis se você fugir dele (mais uma vez), é importante regular sua criança-sombra autônoma. Se, por outro lado, você não reconhecer argumentos contrários para dizer não a partir do ego adulto, assuma a responsabilidade por sua recusa e afirme sua decisão. Basta comunicar de forma gentil. Um não honesto é muito mais benéfico para o relacionamento que um sim a contragosto.

O principal é não se diferenciar o tempo todo nem dar importância gigantesca a cada pequena necessidade. Às vezes é irritante quando as pessoas assistem a uma palestra sobre autoafirmação e voltam empolgadas demais, só falando sobre si mesmas e fincando o pé por cada minúscula questão. Sei por experiência própria, porém, que podemos desenvolver uma sensibilidade apurada para distinguir a diferenciação adequada da inadequada a partir da posição do observador. Dessa perspectiva, você reconhecerá com bastante facilidade se tem o direito de fazer algo e se é justo dizer não ou se seria mais adequado ceder.

Traga à mente diversas situações nas quais você disse sim em vez de não e pergunte-se o que poderia ter acontecido no pior dos cenários se você tivesse sido honesto. Essa pergunta é crucial e, em geral, não é formulada até o fim.

Como já mencionei várias vezes, só podemos colocar em prática o que conseguimos imaginar. Simule em sua imaginação situações nas quais você se diferencia com assertividade. Também é de grande auxílio treinar pronunciar o não algumas vezes. Você pode começar com situações que categorize como não essenciais – por exemplo, um não para o vendedor que lhe oferece um produto extra, ou um não simpático para o funcionário da central de atendimento que deseja lhe explicar por telefone algo que não lhe interessa. Reflita sobre como você pode formular seu não de forma clara mas gentil, para aumentar a chance de que ninguém saia ofendido.

Liberte-se

Crianças-sombra que anseiam por conexão têm dificuldade de se libertar. Preferem permanecer em um relacionamento infeliz a se separar. O medo da solidão bloqueia sua liberdade, mas às vezes uma separação é a única saída de um impasse. Isso acontece principalmente quando o parceiro se fecha para a reflexão e o aprimoramento pessoal. Listarei a seguir alguns motivos que, a meu ver, apontam a separação como o caminho a seguir:

- Intransigência e distribuição unilateral de poder. O parceiro segue seu pensamento obstinadamente. Os acordos costumam não ser cumpridos ou são feitos somente segundo suas regras.
- Incapacidade de aceitar críticas. O parceiro reage de forma extremamente ofendida a críticas reais e percebidas. Se você não está totalmente do lado dele, ele briga.
- Recusa à reflexão e ao aprimoramento pessoal. O parceiro acredita que não tem necessidade alguma de melhorar e deprecia tudo que tem a ver com psicologia e reflexão como "ladainha ". Ou acha que é uma pessoa de reflexões profundas quando de fato não é.

- Dependência excessiva e recusa em admitir o problema e melhorar. O parceiro se apoia integralmente em você com todo o peso de sua carência e exige atenção e apoio constantes. Ele demanda que você esteja sempre disponível para ele.
- Autonomia excessiva e recusa em admitir o problema e melhorar. O parceiro sofre de medo de compromisso ativo e não está pronto para mudar isso.

Se meu parceiro é nitidamente difícil mas não está disposto a mudar, o relacionamento fica inviável, pois deixo de lado grande parte de minhas necessidades e praticamente me submeto à ditadura dele ou levamos vidas paralelas. Nenhuma das duas situações é benéfica. Crianças-sombra dependentes correm o risco de se perder em relacionamentos infelizes quando negam a realidade triste de seu relacionamento, como já expliquei na seção "Abra os olhos". Além disso, sempre constroem pontes de empatia, justificando todos os erros do parceiro, e assim não conseguem se separar.

Como aprender a se libertar nesse caso? Um pensamento radical que mantém relacionamentos disfuncionais é a esperança de dias melhores: um parceiro ou ambos nunca se cansam de esperar que o outro mude. Em primeiro lugar, o relacionamento deve ser submetido a uma verificação de realidade. Se isso lhe parece necessário, entre na posição do observador e analise a partir dessa perspectiva imparcial as parcelas de responsabilidade do seu parceiro e as suas nesse relacionamento difícil. Erga internamente um muro de vidro entre vocês dois para que você saia (figurativamente) do emaranhado. Assuma a postura de um juiz e responda objetivamente à pergunta: "É realista esperar que ele/ela mude?" Se você chegar à conclusão de que isso não é realista, dê espaço a essa realidade internamente, permitindo-se sentir. Direcione a atenção para a respiração e para as áreas do peito e da barriga, dizendo internamente a si mesmo: "Não há esperança." Isso pode ser muito triste nesse momento, mas motivará você a garantir uma vida melhor no futuro.

Antes do próximo passo, tente sacudir a tristeza distraindo-se ou dando leves batidinhas pelo corpo.

Crie agora em sua imaginação a imagem de uma vida sem seu parceiro e reflita sobre aonde você deseja direcionar sua energia de forma construtiva. É difícil abrir mão de algo antigo quando não temos nada novo para preencher o vazio que surge. É por isso que muitas pessoas só conseguem sair de um relacionamento quando já têm um novo em vista. Isso, porém, não é recomendável, pois você corre o risco de se relacionar com a pessoa mais próxima aceitável e acabar caindo novamente em uma armadilha. Por isso aconselho você a direcionar toda a sua energia a ocupações nas quais você tem o controle de sua felicidade. Você sofre uma grande perda de controle no relacionamento, e é importante retomar esse controle, o que pode ser alcançado com todas as atividades que satisfazem você ou fazem você feliz ou que simplesmente o motivam. Chegou o momento das grandes mudanças pessoais. Segue uma lista de coisas que você pode melhorar em sua vida:

– Talvez você precise se mudar, caso se separe. Direcione sua energia para decorar seu novo apartamento. Caso permaneça no apartamento ou na casa, veja se consegue deixar o lugar ainda mais aconchegante. Transforme o ambiente mudando os móveis de lugar, por exemplo. A mudança do exterior marca uma nova fase em sua vida e ajuda a evitar memórias.

- Qual a sua situação profissional? Agora é um bom momento para uma mudança ou um aperfeiçoamento profissional.
- Como andam suas amizades? Aprofunde-as, procure novos contatos ou se associe a algum clube. Você também pode pedir a antigos amigos que o apresentem a pessoas interessantes. Amigos sempre são importantes, mas nesse momento são fundamentais.
- Quais são seus hobbies e suas paixões? Pense em mergulhar em um hobby antigo ou começar um novo. Talvez você sempre tenha desejado aprender a dançar ou a tocar violão. Esse é o melhor momento para isso.
- Busque o aprimoramento pessoal. Analise e mude as próprias parcelas que tiveram um papel na escolha de seu antigo parceiro e que contribuíram para o término da relação. Trabalhe intensamente com este livro e use a crise como oportunidade de crescimento pessoal.

- Aproveite a vida sempre que puder e da melhor forma possível. Permita-se tudo que torna você feliz.

Crie em sua imaginação uma vida maravilhosa sem seu parceiro, pois somos capazes de fazer tudo que conseguimos imaginar. Se você conseguir imaginar uma vida bela e alegre sem seu parceiro atual, provavelmente também conseguirá viver tal vida. Além disso, provavelmente um novo amor entrará em sua vida. Se você tomar sua criança-sombra pela mão, escolherá o parceiro correto da próxima vez e será muito mais feliz do que é hoje. Esse caminho, porém, só estará disponível se você tiver coragem para traçá-lo. O medo de não encontrar alguém é um fantasma que acomete quase todos que se separam, quer a pessoa tenha 20 ou 70 anos. A vida sempre continua. Acredite nisso.

Estratégias de reflexão em prol da conexão

Aprenda a se adequar, confie e se envolva

Pessoas que valorizam excessivamente a autonomia estabelecem barreiras exteriores rígidas para proteger sua criança-sombra insegura. Há casos, porém, em que o pai ou a mãe da pessoa conseguiu satisfazer suas necessidades de conexão muito bem, mas limitou demais sua liberdade. Nesses casos, a pessoa pode sentir que tem valor, mas, assim que o relacionamento se torna mais sério, a programação da criança-sombra, que associa o amor à mãe ou ao pai excessivamente rígidos, é acionada.

Para mudar isso, é fundamental desfazer as antigas programações e fortalecer o ego adulto.

Dissolva sua resistência

Como costumo enfatizar, crianças-sombra autônomas carregam dentro de si uma grande carga de rebeldia e raiva. A agressividade é parte da autodeterminação e tem sua função. Mas quando a raiva é desencadeada pelas projeções da criança-sombra, torna-se excessiva. Enquanto eu estiver preso em minha criança-sombra, viverei todos os meus sentimentos e pensamentos como adequados e justificados. Logo, o passo mais importante para a mudança é, como sempre, reconhecer que sua percepção está distorcida. Reflita: "Qual distorção da realidade me faz exercer resistência?" Talvez você já tenha explorado bastante essa pergunta nos exercícios deste livro, mas é possível que ainda lhe falte uma peça do quebra-cabeça.

Caso você sempre fuja da intimidade nos relacionamentos ou nem consiga iniciar um relacionamento, tente investigar o cerne de sua resistência. A forma mais fácil de fazer isso é pensar em uma pessoa que costuma despertar resistência em você. Sinta suas emoções e tente perceber o que está acontecendo internamente. Seguem algumas sugestões:

- Tenho medo de cobrança.
- Tenho medo de ser magoado e abandonado.
- Tenho medo de ficar impotente e dependente.
- Anseio por intimidade, mas tenho vergonha de demonstrar afeto.

Se você se identificou com um ou vários desses medos, trata-se de uma projeção da criança-sombra. Ela se sente inferior e, por isso, acredita que precisa satisfazer todas as expectativas do parceiro, o que significaria abrir mão de sua liberdade. Você projeta no relacionamento o sentimento de aprisionamento e impotência. Sua criança-sombra presume que seu parceiro ou o relacionamento a sufocaria, mas é a programação de adequação dela que faz com que você estabeleça resistência interna e se restrinja. Sua criança-sombra se rebela contra essa restrição e sempre afasta o parceiro após momentos de intimidade. Talvez sua criança-sombra tenha muito medo de ser abandonada e queira manter o controle a todo custo como estratégia de proteção. Vale lembrar que o medo da perda e a hiperadequação andam de mãos dadas: o medo da perda faz com que muitas pessoas desenvolvam a crença (que é também sua estratégia de proteção) em que precisam se submeter ao parceiro. É exatamente essa crença que produz a resistência rebelde.

Também é possível que você simplesmente não tenha aprendido a lidar com sentimentos de intimidade e afeto e por isso tenha vergonha deles. Também nesse caso você está preso em sua criança-sombra, que transfere sua experiência da infância para os dias de hoje. É provável que seus pais tenham repreendido você com frequência e que você se envergonhasse muito de seus sentimentos, de modo que agora se sente bloqueado quando o parceiro se aproxima.

Seja qual for o cerne de sua resistência, você pode dissolver sua projeção com as três posições da percepção.

Exercício: Dissolvendo a resistência com as três posições da percepção

1. Pense em uma situação em que sua criança-sombra tenha demonstrado resistência perante seu parceiro ou ex-parceiro. Assuma a primeira posição da percepção e, de forma plenamente consciente, deixe sua criança-sombra se manifestar. Qual é seu medo (manipulação, cobrança, impotência, vergonha, etc.)? Quais más intenções ela presume no outro?
2. Depois de explorar sua criança-sombra, desembarque dos sentimentos negativos e assuma a segunda posição da percepção, ou seja, a posição do outro. Como ele se sente quando você o afasta e bloqueia? Enxergue a si mesmo através dos olhos do outro e sinta as emoções dele.
3. Ao terminar, desembarque novamente dos sentimentos e assuma a terceira posição, a perspectiva do observador, e analise seu comportamento a partir do ego adulto. Tenha consciência de que hoje você é adulto e está em pé de igualdade com seu parceiro ou qualquer outra pessoa. Você é livre e é capaz de não exercer a recusa rebelde o tempo todo para provar isso a si mesmo. É claro que você tem os mesmos direitos que seu parceiro. Analise se os desejos dele de mais intimidade e compromisso são justificados. Você também pode demonstrar seus sentimentos, assim como pode ser afetuoso e carinhoso – seu parceiro ficará feliz. Ele não é sua mãe nem seu pai.

Se você tiver algum trauma, é fundamental estabelecer um distanciamento das projeções de sua criança-sombra. O problema dos traumas é que seu cérebro não consegue acreditar que hoje você está em segurança e que também há pessoas nas quais pode confiar. Se você não conseguir estabelecer nenhuma distância de experiências passadas, procure a ajuda de um profissional especializado em traumas.

Permita-se ter sentimentos fracos

Crianças-sombra autônomas lidam mal com sentimentos fracos, tais como medo, vergonha, tristeza e desamparo. Isso pode ter causas distintas, e com frequência os próprios pais tinham a mesma dificuldade. Ou então a mãe ou o pai era muito fraco e sobrecarregava a criança com sua fraqueza e sua carência, de modo que ela precisou ser muito forte e autônoma bem cedo. Ou ainda um dos pais era muito assertivo ou superprotetor, de modo que a criança sempre precisava contra-argumentar e não podia ser fraca de forma alguma para não cair em suas garras.

O aspecto positivo é que pessoas hiperautônomas costumam ser realmente fortes, tanto mulheres quanto homens. Em geral, também são profissionalmente bem-sucedidas. Mas, na esfera dos relacionamentos, sua grande dose de independência e força lhes causa problemas frequentes, pois não conseguem ter um compromisso sério. Para isso, precisariam se permitir sentimentos dos quais não gostam nem um pouco.

O amor nos torna fortes e fracos ao mesmo tempo. Ele nos torna fortes por meio do apoio, do afeto e da valorização que recebemos dele. Ele também nos torna fracos, pois nos deixa dependentes e vulneráveis. Se, porém, eu dou muito valor a viver a vida da forma mais invulnerável possível e com colete à prova de balas, preciso repelir o amor. Caso contrário, eu teria que admitir a ideia e, com isso, também o sentimento de que sou vulnerável. Somente quando consigo permitir esse sentimento dentro de mim e dizer sim a ele é que posso me relacionar com outra pessoa. A aceitação da realidade é mais uma vez necessária e muito benéfica aqui.

Exercício: Diga sim aos sentimentos fracos

Se for confortável para você, feche os olhos por um instante. Direcione sua atenção para sua respiração e admita para si mesmo: "Sim, sou vulnerável", "Sim, também sou dependente", "Sim, tenho medo de intimidade e conexão profundas". Formule outras frases nesse formato que sejam adequadas à sua situação específica e perceba como é simplesmente deixar esses sentimentos aflorarem. Em geral, o efeito é que a sensação deles é muito menos terrível do que tememos.

Se somente conseguir se permitir sentimentos fortes, como raiva ou alegria, você pode até ser um tipo forte, mas está bloqueando uma parte de seu ser. Você está praticamente vivendo com metade de sua pessoa. Se quiser se tornar inteiro, que é outra formulação para "curado", permita-se também experimentar outros sentimentos – os indesejáveis, os fracos. Você verá que eles não derrubarão você, e, mesmo que isso aconteça, não durará muito. Nenhum sentimento dura para sempre. Tenha consciência de que você ainda está preso nas garras de suas antigas projeções – sua criança-sombra ainda não entendeu que você hoje é adulto e não depende mais de sua mãe ou seu pai. Mesmo que seu parceiro venha a abandoná-lo, você vai se reerguer, pois é grande e independente.

Assuma mais uma vez, com plena consciência, a terceira posição da percepção e analise, a partir dela, sua situação atual adulta quanto à possibilidade de ser ferido. Reflita também, a partir dessa perspectiva, quão vulnerável é seu comportamento em relação ao seu parceiro. A estratégia de se fechar faz com que você inflinja ao seu parceiro as dores que você não deseja sentir. Isso não é nada justo. Tome a decisão de se tornar um pouco mais complacente consigo mesmo e, consequentemente, também com outras pessoas. Você vai se surpreender ao notar que a vida se tornará muito mais fácil. Afinal, precisar ser sempre forte e independente demanda muita energia.

Aprenda a confiar

Certamente você já percebeu que todas as estratégias de reflexão são muito interligadas e que há transições fluidas entre elas. Aprender a confiar, assim, está muito próximo de se permitir sentimentos fracos, o que, por sua vez, está muito próximo de dissolver a resistência.

Como já expliquei em outro trecho, não há como confiar nos outros sem confiar em si mesmo. Somente quando confio que sobreviverei a uma perda e a uma ferida é que posso ousar confiar em outra pessoa. A confiança sempre pressupõe um adiantamento do investimento em mim mesmo. Finalmente, a confiança não é certeza, e com isso sempre permanece a probabilidade remanescente de que o outro poderá me abandonar e me ferir. Somente quando sobrevivo a essa possibilidade em minha concepção interna posso me entregar. Caso contrário, o perigo subjetivamente percebido de falhar no relacionamento é grande demais. Se você quiser confiar mais, portanto, comece com a criança-sombra e sua autoestima – dê bastante espaço à sua criança-sombra. Como sempre, trata-se de dissolver as antigas projeções na forma de crenças inadequadas. Já trabalhamos bastante esse aspecto.

Aliás, você pode fazer a qualquer momento uma verificação de realidade guiada pela razão a partir da posição do observador, para ver se sua desconfiança do seu parceiro ou do seu pretendente é adequada. Isso é bastante simples de verificar com argumentos: caso sua desconfiança seja difusa e fundamental, ela vem da criança-sombra. Se sua desconfiança, por outro lado, for objetivamente justificável, haverá ações e atos por parte do seu parceiro – também verificáveis por parte de terceiros neutros – que fundamentem sua desconfiança. É uma questão de equilíbrio, porém, decidir o que é um comportamento ainda aceitável e o que realmente deve ser avaliado como quebra de confiança. Mantenha, portanto, um olhar crítico em relação à sua criança-sombra, em especial se ela se ofender depressa e for rancorosa. Lembre-se também de que seu parceiro tem o direito de ficar com raiva às vezes e pode dizer coisas fora de sua intenção. Considere também o temperamento de seu parceiro: pessoas extrovertidas em especial têm tendência à impulsividade e dizem coisas que na verdade não desejam dizer. É natural do ser humano aumentar o volume um pouco durante discussões, e isso não deveria ser motivo para ressentimentos prolongados.

Se você analisar a partir da terceira posição se pode confiar ou não em seu parceiro, julgue seu comportamento por meio de padrões justos, que seriam os seguintes:

- Posso confiar nas promessas de meu parceiro na maioria das vezes, mas também permito que ele esqueça as coisas ou cometa erros às vezes (ninguém é perfeito).
- Em geral, posso acreditar que meu parceiro me diz o que quer e o que não quer.
- Ele/ela não me magoa intencionalmente. As mágoas ocorrem em virtude de uma briga séria ou em reação a uma ferida que inflinjo a ele (por exemplo, por meio de meu comportamento distanciado).
- Meu parceiro é leal e confiável também com seus amigos e colegas de trabalho.
- Meu parceiro demonstra interesse sincero por mim e é compreensivo comigo.
- Meu parceiro é fiel e me sinto seguro (cuidado: armadilha para crianças-sombra muito ciumentas).
- Meu parceiro se esforça por mim e pelo nosso relacionamento, bem como assume a responsabilidade por seus atos. Na maior parte do tempo, temos uma divisão justa no dar e receber.
- Sinto-me amado(a) por meu parceiro.

Caso você chegue à conclusão de que sua desconfiança é justificada, converse com seu parceiro. Verifique se a quebra de confiança pode ser reparada e se você pode confiar nele. *Perdoar* é indispensável se você quiser permanecer com ele, caso contrário esse incidente irá envenenar seu relacionamento para sempre.

Caso você já tenha tido muitas conversas e ainda não conseguiu perdoar, avalie se isso se deve ao fato de seu parceiro não ser confiável e se você precisa se separar ou se ele é confiável, mas sua criança-sombra simplesmente não consegue perdoar em razão de outras feridas da infância. Se você chegar à conclusão de que deveria se separar, leia novamente a seção "Liberte-se" e trabalhe intensamente com sua criança-sombra, a qual possivelmente tem um medo intenso de ficar sozinha. Se sua criança-sombra não conseguir perdoar por razões próprias, você pode começar a curar sua ferida original do passado com muitos exercícios deste livro.

Se, por outro lado, houver muitos argumentos, da perspectiva de seu ego adulto, a favor de confiar no seu parceiro, decida com plena consciência confiar nele. Como quase tudo na vida, a confiança também é uma questão de decisão.

Treine sua boa vontade e sua empatia

Quando estamos constantemente ocupados com a defesa de nossa autonomia, encontramo-nos com frequência na primeira posição da percepção e nos identificamos com nossa criança-sombra. A segunda posição da percepção, a tomada da perspectiva empática, é negligenciada. A razão para isso é que, quando estou preso em minha criança-sombra, enxergo meu parceiro rapidamente como hostil, presunçoso, manipulador malicioso, dependente, etc. Só que quando meu parceiro é um potencial agressor aos olhos de minha criança-sombra, não consigo lhe demonstrar empatia. A natureza fez as coisas de tal forma que não temos pena de nossos inimigos para que possamos defender nossa vida. Além disso, acho que estou em meu pleno direito: "Quando sou atacado, preciso me defender!"

Os parceiros de crianças-sombra muito autônomas se sentem friamente rejeitados, solitários e indefesos. Crianças-sombra autônomas têm grande dificuldade de lidar com as expectativas do parceiro, mas não existe relacionamento sem expectativas. Quem se sente pressionado pelas expectativas mais insignificantes não consegue se relacionar.

Exercício: Treinando a boa vontade com as três posições da percepção

Se você se identificou com o que acabamos de ver, investigue sua criança-sombra: quais crenças estão ativas quando você "se fecha" e mantém seu parceiro distante? Qual projeção de seu passado pode estar atuando aqui?

Se desejar assumir uma postura mais afetuosa, você precisa se libertar de seu pensamento vitimista e se dar conta de que está em pé de igualdade com seu parceiro. Assuma a terceira posição da percepção e compreenda, daqui em diante, que hoje você é adulto e livre. Você tem os mesmos direitos que seu parceiro e, por isso, não é necessário defender sua autonomia o tempo todo.

Assuma agora a segunda posição da percepção e imagine como seu parceiro se sente quando você se distancia e se isola o tempo todo. Quais sentimentos seu comportamento desencadeia nele? Permita-se senti-los com plena consciência.

Em seguida, entre no modo criança-sol evocando suas crenças novas e positivas e sentindo-as internamente. Quanto melhor é nosso humor, mais boa vontade temos para com os outros. Observe agora seu parceiro com benevolência e, a partir do estado de espírito elevado de sua criança-sombra, responda às seguintes perguntas:

1. Como meu parceiro me apoia?
2. Quais necessidades ele tem?
3. Suas necessidades são adequadas?
4. O que posso fazer de forma diferente no futuro para eu não continuar sempre me identificando com minha criança-sombra autônoma?

Escreva no seu caderno de reflexões o que você percebeu a partir desse exercício.

Você pode pedir ajuda

É da natureza de crianças-sombra autônomas terem dificuldade de receber ajuda, pois uma de suas crenças é: "Preciso fazer tudo sozinho." Mas isso não é verdade. A partir do ego adulto, você com sorte conseguirá reconhecer que deve aceitar ajuda. Isso também significa que você pode se relacionar com outras pessoas a qualquer momento. Não precisa se isolar atrás de um muro. Também não precisa ser perfeito. Você pode ser exatamente como é, e isso significa que pode cometer erros e ter defeitos, como qualquer pessoa, sem que isso torne você uma pessoa ruim ou detestável.

Se precisar de ajuda, seja uma simples conversa com um bom amigo, peça. Não é sinal de fraqueza falar sobre nossos problemas. Muito pelo contrário, é sinal de que temos uma boa competência para lidar com eles. Além disso, diversos estudos demonstram que é de grande auxílio falar sobre os problemas e que silenciar é prejudicial.

Comece com uma pessoa só, talvez seu parceiro ou um amigo ou amiga próximos, e desabafe. Fale sobre o que preocupa você e o que lhe causa dificuldade. Você verá que seus amigos e seu parceiro ficarão felizes se você falar sobre o assunto e que eles estão dispostos a conversar. Você verá que tais conversas tornam as coisas mais leves e que depois você saberá resolver seus problemas mais facilmente.

Sei, a partir de relatos de muitos clientes, que suas crises de medo de compromisso se dissolvem quando eles, em vez de fugirem, buscam conversar com o parceiro e lhe explicam como se sentem. O impulso de fuga desaparece e eles se sentem próximos do parceiro de forma confortável.

Então simplesmente relaxe, confie e deixe claro para você: "Eu posso pedir ajuda!"

Diga sim

O amor é uma decisão. A paixão, por outro lado, é um acontecimento – não raro nossa criança sombra tem sua parcela de responsabilidade nisso, com seu padrão de vítima desorganizado. O amor significa decidir-se por alguém e se sentir responsável por essa pessoa no sentido positivo. Isso significa que posso mudar minha decisão se eu decidir me separar futuramente – seja qual for o motivo. Sou livre para dizer sim, bem como sou livre para dizer não. Somente a partir dessa sensação profunda de liberdade em relação a meu direito de dizer não é que posso dizer sim com honestidade e assumir a responsabilidade de forma saudável. Responsabilidade saudável significa desejar, a partir de um sentimento profundo de afeto, que o outro esteja bem. É diferente de se sentir 100% responsável pelo sucesso do relacionamento.

Meus clientes que temem a conexão costumam ter muitas dúvidas se o parceiro é realmente certo para eles. Essas dúvidas, bem como a perda dos sentimentos amorosos, fazem parte da programação de distanciamento. A questão se seu parceiro realmente é a pessoa certa para você pode ser avaliada de forma bastante precisa da perspectiva do observador. A partir dela, a maioria das pessoas reconhece com muita clareza se suas dúvidas advêm da criança-sombra ou se correspondem à realidade. Outro grande problema é a falta de desejo sexual, que frequentemente se instaura em decorrência do medo de compromisso. Vale lembrar que o medo de compromisso é uma consequência da hiperadequação, o que pode roubar a vitalidade e o dinamismo do relacionamento. Reflita sobre como você poderia lidar com seu parceiro de forma mais sincera e autêntica.

Outra fonte muito importante da falta de desejo sexual é a sensação de ser cobrado a satisfazer as expectativas do parceiro. Quando o parceiro exige sexo, o desejo sexual se apaga. Aqui, é novamente necessário dissolver a projeção da criança-sombra conforme descrevi, por exemplo, na seção "Dissolva sua resistência".

Recomendo a meus clientes avessos a compromisso que simplesmente, com plena consciência, se decidam a favor de seu parceiro por um mês inteiro quando considerarem, a partir do ego adulto, que a pessoa é compatível. Eles podem mudar sua decisão após um mês. Muitos percebem que a decisão consciente a favor do parceiro – mesmo que somente por um mês – realmente muda sua postura interna e que eles se tornam mais próximos.

Portanto, se você ainda tiver dúvidas se seu parceiro é a pessoa certa para você, tome uma decisão a partir da posição do observador, ou seja, do ego adulto, e se chegar a uma decisão positiva, simplesmente diga sim, mesmo que por um período determinado, e deixe-se surpreender pelo que acontecerá.

CAPÍTULO 29

DESCUBRA SUAS ESTRATÉGIAS DE REFLEXÃO PESSOAIS

Agora você pode escolher, a partir do grande leque de estratégias de reflexão que aprendemos, aquelas que são mais relevantes para você. Escreva-as na área dos pés do modelo da sua criança-sombra, de preferência com uma formulação totalmente personalizada. Por exemplo: "Vou me conectar com meu interior pelo menos dez vezes ao dia e prestar atenção nos meus sentimentos." Ou: "Vou encerrar o trabalho às 18 horas e caminhar por uma hora." Ou: "Escutarei com atenção o que meu parceiro diz e serei receptivo." Quanto mais concretamente você formular suas estratégias de reflexão pessoais, mais provável será que as coloque em prática.

Caso lhe tenham ocorrido estratégias de reflexão que não mencionei, é claro que você pode utilizá-las. O importante é aplicar, no dia a dia, o comportamento formulado como uma estratégia de reflexão prática – você vai se surpreender com a rapidez do seu progresso.

CAPÍTULO 30

OITO PASSOS PARA UMA NOVA VIDA

Prezada leitora e prezado leitor, se você chegou até aqui, espero que tenha aprendido muito. Tenho plena consciência de que este livro demanda muito comprometimento pessoal e pode exigir bastante fôlego de vez em quando. Eu mesma não sou das pessoas mais diligentes, mas minha proposta de fazer você ajudar a si mesmo por meio das atividades aqui propostas não me deixou alternativa senão proceder de forma muito orientada para a prática, o que sempre demanda uma boa dose de empenho. Estou convencida de que para muitos problemas não precisamos de um terapeuta se recebermos um bom direcionamento sobre como resolvê-los. Sempre levo em consideração a atual oferta de serviços psicoterapêuticos, que ainda é muito restrita. As pessoas que decidem dar o passo para fazer terapia nem sempre têm acesso aos profissionais. Além disso, nem todo terapeuta ajudará qualquer um. Algumas pessoas conseguem falar pessoalmente com o terapeuta após muito tempo, mas em alguns casos isso também não as ajuda realmente. Por um lado, isso pode ter a ver com o terapeuta em si, que talvez não consiga compreender o problema corretamente, e, por outro lado, o cliente pode estar pouco inclinado a assumir a responsabilidade por seu processo de crescimento pessoal. Porém quem está disposto a assumir a responsabilidade por si mesmo e sua criança-sombra provavelmente fará progressos não só com um (bom) terapeuta mas também com o auxílio de (boa) literatura de autoajuda. Muitos de meus leitores e leitoras me relataram terem curado a si mesmos com a ajuda de meus livros, o que anteriormente não haviam conseguido fazer na terapia. Afirmo isso apenas para encorajar você a acreditar que pode *realmente* alcançar uma mudança positiva se pegar sua criança-sombra pela mão e conduzi-la rumo ao sol. Mas, para isso, é necessário ter certa dose de disciplina para treinar seu cérebro a funcionar de outra forma. Afinal, também é somente com treino que aprendemos um instrumento, um esporte ou um idioma.

A mensagem mais importante que você levará da leitura deste livro, espero, é que você mesmo constrói sua realidade em sua mente. O fio condutor deste livro é o conselho sobre destituir suas antigas projeções e obter uma perspectiva adequada à realidade. Repito: pegar-se no flagra e mudar é a base de qualquer mudança. Assim que você se pega no flagra em seu filme antigo, ou seja, no modo da criança-sombra, você muda da perspectiva de campo para a perspectiva do observador e assume, assim, o modo ego adulto, que tem uma visão realista da situação. Além disso, você precisa obrigatoriamente treinar a criança-sombra em você – sim, isso também é uma questão de treino. Como sabemos a partir de pesquisas em psicologia, as garantias para o sucesso nesta vida são disciplina e empenho. Isso pode até soar entediante, mas é a realidade. Nosso consolo é que a criança-sol é um tema alegre, e, se você assumir uma postura brincalhona, conseguirá se divertir muito com ela. Separe de preferência alguns minutos todas as manhãs para cuidar de sua criança interior: lembre-se de suas novas crenças, seus pontos fortes e proponha-se a treinar uma das novas estratégias de reflexão a cada dia. A forma mais fácil de entrar no modo criança-sol é ouvindo sua música preferida.

De forma resumida:

1. Compreenda exatamente quais condicionamentos errôneos você recebeu na infância e como eles dificultaram sua vida e seus relacionamentos durante anos.
2. Compreenda como suas crenças se refletem em suas ações nos relacionamentos românticos, ou seja, encontre suas estratégias de proteção.
3. Afaste-se de sua programação antiga, sua criança-sombra, adotando

um distanciamento dela em situações típicas e entrando no modo ego adulto. Faça uma verificação da realidade a partir dessa perspectiva. Assim que você se pegar no flagra no modo criança-sombra, mude para o ego adulto!

4. Utilize seus recursos por meio da descoberta de sua criança-sol. Encontre novas crenças adequadas que destituam as antigas e disfuncionais.
5. Sinta sua criança-sol, sua força e sua boa vibração incorporando suas novas crenças, seus pontos fortes e seus recursos em seus sentimentos. Você consegue fazer isso respirando de forma consciente e percebendo todas as sensações na área do peito e da barriga.
6. Assuma a posição do observador e perceba seu problema a partir dessa perspectiva.
7. Encontre suas estratégias de reflexão pessoais e exercite-as diariamente.
8. Faça esses exercícios regularmente até que eles se tornem parte integrante de você.

Chegamos assim ao fim de nossa caminhada neste livro. Espero que você possa construir seus relacionamentos de forma muito mais feliz a partir de agora. Amor, afeto, compreensão e benevolência são a essência de toda conexão humana.

Viva com alegria e seja simplesmente quem você é.

CONHEÇA ALGUNS DESTAQUES DE NOSSO CATÁLOGO

- Augusto Cury: Você é insubstituível (2,8 milhões de livros vendidos), Nunca desista de seus sonhos (2,7 milhões de livros vendidos) e O médico da emoção
- Dale Carnegie: Como fazer amigos e influenciar pessoas (16 milhões de livros vendidos) e Como evitar preocupações e começar a viver
- Brené Brown: A coragem de ser imperfeito – Como aceitar a própria vulnerabilidade e vencer a vergonha (900 mil livros vendidos)
- T. Harv Eker: Os segredos da mente milionária (3 milhões de livros vendidos)
- Gustavo Cerbasi: Casais inteligentes enriquecem juntos (1,2 milhão de livros vendidos) e Como organizar sua vida financeira
- Greg McKeown: Essencialismo – A disciplinada busca por menos (700 mil livros vendidos) e Sem esforço – Torne mais fácil o que é mais importante
- Haemin Sunim: As coisas que você só vê quando desacelera (700 mil livros vendidos) e Amor pelas coisas imperfeitas
- Ana Claudia Quintana Arantes: A morte é um dia que vale a pena viver (650 mil livros vendidos) e Pra vida toda valer a pena viver
- Ichiro Kishimi e Fumitake Koga: A coragem de não agradar – Como se libertar da opinião dos outros (350 mil livros vendidos)
- Simon Sinek: Comece pelo porquê (350 mil livros vendidos) e O jogo infinito
- Robert B. Cialdini: As armas da persuasão (500 mil livros vendidos)
- Eckhart Tolle: O poder do agora (1,2 milhão de livros vendidos)
- Edith Eva Eger: A bailarina de Auschwitz (600 mil livros vendidos)
- Cristina Núñez Pereira e Rafael R. Valcárcel: Emocionário – Um guia lúdico para lidar com as emoções (800 mil livros vendidos)
- Nizan Guanaes e Arthur Guerra: Você aguenta ser feliz? – Como cuidar da saúde mental e física para ter qualidade de vida
- Suhas Kshirsagar: Mude seus horários, mude sua vida – Como usar o relógio biológico para perder peso, reduzir o estresse e ter mais saúde e energia

CONHEÇA OS LIVROS DE STEFANIE STAHL

Acolhendo sua criança interior

Acolhendo sua criança interior: Caderno de atividades

Como fortalecer sua autoestima

Construindo relacionamentos saudáveis